New Media Age:
How to Speak as an Enterpris

新媒体环境下企业该怎么“说”

兰祝刚　黎颖欣　编著

暨南大學出版社
JINAN UNIVERSITY PRESS

中国·广州

图书在版编目（CIP）数据

新媒体环境下企业该怎么"说"/兰祝刚，黎颖欣编著. —广州：暨南大学出版社，2011. 11

ISBN 978 -7 -81135 -981 -7

Ⅰ. ①新…　Ⅱ. ①兰…　②黎…　Ⅲ. ①企业管理—关系—传播媒介—研究　Ⅳ. ①F270

中国版本图书馆 CIP 数据核字（2011）第 184539 号

出版发行：暨南大学出版社

地　址：中国广州暨南大学
电　话：总编室（8620）85221601
营销部（8620）85225284　85228291　85228292（邮购）
传　真：（8620）85221583（办公室）　85223774（营销部）
邮　编：510630
网　址：http://www.jnupress.com　http://press.jnu.edu.cn

出 版 人：徐义雄
策划编辑：杜小陆
责任编辑：杜小陆　苏倩欣
责任校对：卜　颖

排　版：弓设计
印　刷：佛山市浩文彩色印刷有限公司

开　本：787mm×960mm　1/16
印　张：9.75
字　数：110 千
版　次：2011 年 11 月第 1 版
印　次：2011 年 11 月第 1 次
印　数：1—4000 册

定　价：28.00 元

序

文化是一个国家和民族的标志，在不同的历史时期、不同的媒体时代，文化传播以不同的方式进行着，经历了从结绳记事到竹帛记载，从印刷传播到无线传输的发展历程。互联网、手机电视、微博等新媒介的出现和崛起，预示着新的传播时代的到来，文化传播的形式与影响也因此发生着变化。

近年来，我国网民借助新媒体实时性和交互性的特点，发挥出巨大的信息推动力量，可以在一夜之间把一位普通的羌族女孩变成“天仙妹妹”，把城市街头的一名流浪汉变成“犀利哥”……随着3G网络的普及，手机上网得到了前所未有的发展和普及，用户可以随时随地发表言论，在很大程度上也推动了论坛、微博、拍客等新媒介的蓬勃发展，这使得被喻为“双刃剑”的新媒体的特征尤为凸显。

媒体是文化传播的使者，新媒体的发展为文化传承与创新插上了隐形的翅膀，也为推动社会文明进步注入了“加速度”。在新媒体传播的条件下，信息传播不再受空间限制，不同的文化开始走出国门，在世界范围内碰撞和交流，传之久远。我们应该借助新媒体快速发展的东风，加强对传统文化精髓的提炼与传播，吸引大量网民关注，利用新媒体建构起更加符合时代发展趋势的文化观，让世界更清楚地认识中国的过去和现在。与此同时，新媒体的互动性掀起了各种文化融合与重组的高潮。我们只有充分发挥新媒体的传播优势，吸收、消化、融合先进的文化因子，才能快速推动文化创新，进而形成既包含外来文化又具有鲜明本土特色的新的文化形态。

新媒体的发展秉承了开放和共享的网络精神，与传统媒介相比，它前所未有地为每一个网民提供了自由表达和交流的渠道。当前，以微博为代表的新媒体俨然已经成为当今媒介生态环境变化的主导力量之一。从以往“一点对多点”发展到“多点对多点”，传播形式转变为网状结构，呈现出“自组织体系”的特征，这有利于形成由下而上的舆情传递模式。在微博、论坛等平台的信息传播过程中，蕴含着纷繁而又丰富、驳杂而又原生态的民意，这使得微博问政成为可能，为官员问计于民、问需于民、问政于民提供了一个便利的渠道。目前，一些政府单位和组织机构纷纷开通微博，利用微博“察民情、集民智、解民忧”，吸引了大量关注者，受到网民热捧。

如今，微博、网络论坛等新媒体正以其“秒互动”的传播优势开启着一个“人人都有麦克风”的政务时代，有效地提升了社会管理的有序性和创新性。但新媒体能够同时承载文字、图片、声音和视频等传播内容的天然优势使得公众意见可以在短时间内形成快速传播的信息流，并吸引大量网民“围观”，这为社会组织、企事业单位的新闻传播和舆论引导带来了新的挑战。可以说，在新媒体环境下，社会舆论以前所未有的影响力“介入”了组织管理过程。这引发了众多社会组织、企事业单位对如何善用新媒体的思考。从组织与社会关系的视角来看，建立良好的公众形象是现代组织管理的重要一环，也是实现可持续发展的必要元素。当前，一些有远见的组织或企业已经开始思考如何利用新媒体与利益相关方积极沟通、合作，维持良好的互动关系，并着力积极探索善用新媒体进而提升自身公众形象的有效方法。

本书编者从企业形象传播的观察者和实践者的角度，结合目前中国媒介传播现状，分析新媒体发展对企业形象传播的影响。编者认为在新媒体环境下的企业形象传播呈现企业信息“三快”和危机信息“三大”的特点，并在“使用与满足”的理论框架下，探索企业发挥新媒体优势，开展形象传播的新模式。编者提出当前与企业相关的敏感信息传播呈现出“NT交替”现象（N指New Media，T指Traditional Media），且大多数敏感信息来源于新媒体，继而由传统媒体和新媒体交替地、递进地推进，信息传递呈“几何式”递增，敏感信息可以在短时间内成为传播焦点。

此外，编者总结多年的企业形象传播实战经验，通过对跨行业的企业经典案例进行分析和论证，探索利用新媒体提升企业形象的传播模式，创新地提出新媒体环境下企业信息传播的“3C. E模式”，即渠道（Channel）、内容（Content）、传播方式（Communicate）和后向评估（Estimate）的闭环式传播模式，为社会组织、企事业单位在瞬息万变的舆论环境下发挥新媒体优势以提升公众形象提供了有益的参考。

顾作义

中共广东省委宣传部副部长

2011年9月

目录

目录

目录

目录

前　言

新媒体的出现打破了原有的媒介发展格局、影响了受众的信息消费习惯、改变了企业的舆论传播环境……新媒体犹如一把“双刃剑”，企业要成为善用“双刃剑”的武士，就必须主动认识新媒体，熟悉新媒体传播规律，善于利用新媒体，使之成为更直接、更真实、更全面地展示企业形象的利器。

“新媒体环境下企业该怎么‘说’”实在是一个很宽泛的话题，编者尝试将理论知识与自身的工作经验和所见所闻结合起来，从媒体的发展演变、传播特点以及传播规律等方面切入，通过分析近年来典型的企业形象传播案例，探索新媒体环境下企业形象传播的新模式、新规律。编者深知，要树立并展示良好的企业形象并非一朝一夕之事，每个企业都有其独特性，任何传播方式或者传播模式都将受到挑战，没有任何一种方法是放之四海而皆准的真理。故此，编者抱着虚心学习的态度，将研究与实践的成果付诸文字，以期与大家交流、探讨。

由于编者在企业形象传播方面资历尚浅，对新媒体的研究还欠深入，在本书编写过程中，引用了一些前人在新媒体、新闻传播和企业形象传播等方面的研究结果和案例，在此深表感谢。同时，要特别感谢各位领导、同事、媒体朋友在本书编写过程中给予的支持和帮助。

仓促成书，水平有限，错误当或不少，敬请各位读者不吝赐教。

编　者

2011 年 6 月

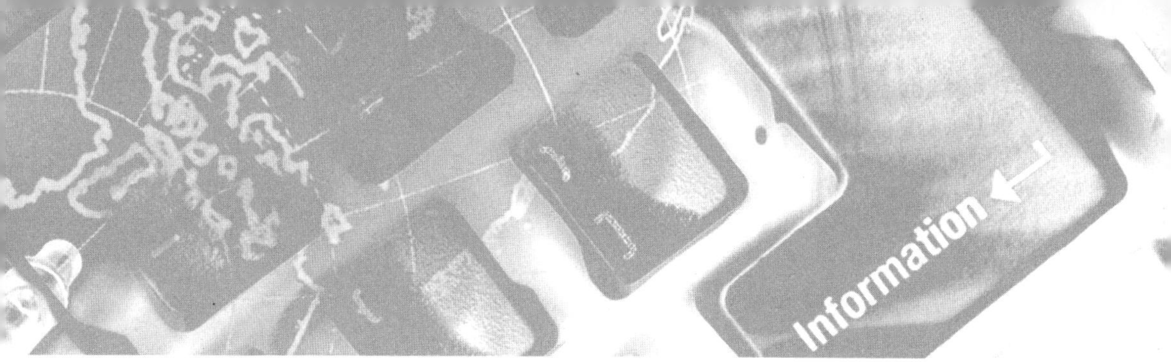

第一章

传统媒体的演进及生存现状

第一节　中国传播活动溯源

传播活动起源于远古人类的群居时代。远古的人类结群而居，共同生活，共同劳动，这样的生存方式使人们有了互相沟通信息的需要，传播活动也因此产生。

中国古代的传播手段中，最早和最常用的是口头传播，即口耳之间的传播。谣谚就是其中的一种，但是这种传播形式往往受交通条件的限制，也很容易因为传闻异辞而失实。在文字出现以前，能够作为口头传播的辅助手段的还有结绳、图画、雕刻、标识、烽火、旗鼓等。

在中国，最早的文字传播载体是甲骨、金属铸件和岩石等。早在两汉时期中国就进入了以文字传播为主的时代，文字传播的载体以竹简、木牍和绢帛为主。造纸术出现以后，文字传播才逐渐进入以纸为载体的阶段。而在三国和魏晋南北朝时期，主要的传播媒介是布告和露布。被社会普遍采用的传播手段则有童谣和谣言。在这期间，信息传播的载体是多元化的，既有包括木简、竹简、木牍在内的简牍，也有帛和纸等软质书写工具。

据记载，中国的报纸出现在唐代，最早的报纸是在封建官僚机构内部发行的政府官报，以“开元杂报”和“敦煌进奏院状”为代表。这种报纸是一种与后来的“邸报”很相似的新闻传播工具，它主要用于传报来自朝廷的信息，由地方一级军政单位在首都的派驻机构向地方传发，带有一定的官方性质，但还不是中央政府统一审定发布的正式官报。

在宋代，在政府中枢部门统一管理下统一发布的正式官报——“邸报”出现了。负责“邸报”发布工作的机构是上都进奏院。与唐代的“进奏院状”相比，宋代的“邸报”具有更多封建政府官报的色彩，也更接近现代报纸。首先，它已不是一种新闻信，而是一种在封建中枢部门统一管理下，按一定制度统一编发给诸路州郡，向地方官员传报朝廷信息的中央一级官报。其次，它已经完全从官文书中分离出来，成为一种官方的新闻传播工具，是当时传播朝廷政事信息的重要载体。最后，它已经由不定期发行转为定期发行。

到了元朝，流行于民间的传播媒介主要是“小本”。这种“小本”由民间私自雕印发卖，内容主要是来自朝廷方面的政事消息。进入明代，官报发布和抄传等事宜由封建中央政府统一安排，发自首都的官报仍被习惯性地称为“邸报”。

随后在清朝，朝廷参考明朝官报发行体制，继续在全国范围内发行“邸报”。除了利用官报外，清朝的封建统治者还广泛地使用过榜、帖示、告示等传播媒介来发布官方消息。此外，由于雕版和活版印刷技术的发展，清初到清中叶这一时期的书籍、年画、历书、商业传单、商品包装纸等出版印刷品，也作为文化和经济信息的载体大量问世，为清代中叶以后商品广告的发展作了铺垫。

1815 年，英国传教士米怜在马六甲创建了近代出版机构英华书院以及印刷所，并在此基础上办了一份中文月刊，作为他主要的传教工具。这份中文月刊，就是中国历史上第一份近代报刊《察世俗每月统记传》。《察世俗每月统记传》的创办，揭开了近代中国新闻事业发展史的第一页。1833 年，《东西洋考每月统记传》在广州创刊，成为在中国境内出版的第一份近代中文报刊。[①]

第二节　传统媒体的演进

传统媒体是相对于近几年兴起的网络媒体而言的，即通过某种方式定期向社会公众发布信息或提供教育娱乐等交流活动的媒体，包括报刊、广播、电视。

一、报刊

报纸从诞生至今经历了漫长的历史，公元前 60 年，古罗马政治家恺撒把罗马以及其他国家发生的事件书写在白色的木板上，世界上最古老的报纸由此诞生。中国最早的报纸——西汉的“邸报”出现在公元 2 世纪。

众所周知，中国最早发明了印刷术。早在公元六七世纪的隋唐年间，中国就有了雕版印刷。中世纪后期，中国的印刷技术渐渐传到中亚和欧洲。1450 年前后，德国人谷登堡发明了金属活字印刷术，印刷的报纸开始得以发行。印刷术的发明深刻地影响了人类的精神

① 方汉奇．中国新闻传播史．北京：中国人民大学出版社，2003.

生活和文化发展，可谓人类传播史上的里程碑。

近代报纸是在欧洲封建社会向近代社会过渡的背景下产生的，每周定期报刊的出现标志着近代报纸的诞生，最早的定期报刊产生于德国，而最早的日报——1650年莱比锡一位书商创办的《新到新闻》也诞生于德意志地区，《新到新闻》通常被认为是世界上第一份日报。

18世纪后期，欧美主要国家先后开始了工业革命。工业革命的推进给社会生活和近代报业带来了重大影响，各国相继进入廉价报纸时期。廉价报纸，指的是工业革命后各国先后出现的面向社会中下层的通俗小报，因售价低廉而得名。世界上第一份成功的廉价报纸是1833年由本杰明·戴在美国创办的《纽约太阳报》。

19世纪末20世纪初，报纸实现了从“小众”到“大众”的过渡。在报纸大众化的过程中，出现了“高级报纸”和“大众报纸”之分。“高级报纸”既详细报道国内外政治、经济新闻，又登载具有说服力的社论，对社会有很大的影响；“大众报纸”则以趣味性内容为主，面向广大普通群众。也就是在这一时期，报纸的发行量直线上升，读者的范围也不断扩大。

第一次世界大战后，现代报业诞生。垄断化是资本主义现代报业发展的基本特征，其报业垄断有两个标志：一是发行量增加，报纸种类减少；二是“一城一报”现象普遍。

二、广播

广播的诞生可以追溯到20世纪初，1906年范斯顿的马塞诸塞实验电台首次开始广播，广播从此诞生。1920 年，美国匹兹堡 KDKA 电台正式成立，它是美国第一家，也是世界上第一家正式办理了执照的广播电台，它的成立标志着广播事业的正式诞生。

20 世纪 30 至 40 年代为广播的发展时期。在这期间，技术因素有调频广播的发明，政治因素有“二战”各交战国展开宣传攻势，二者都促进了广播的发展。这一时期，广播站如雨后春笋般在各国相继涌现。随着全世界广播事业的不断发展，现已逐步形成全球性的广播网。

电台广播在 20 世纪 70 至 90 年代广泛兴起并迅速发展。从技术上看，70 年代后调频广播电台广泛兴起，80 年代后卫星传送技术逐步推广，90 年代后数字音频广播开始勃兴，接收设备不断优化、袖珍化、多样化，广播的传送质量、效率、距离也有了空前的进步。从发展趋势上看，广播的发展一方面向城乡各个角落普及，另一方面，广播设置也日趋专门化。

广播以其独特的优势赢得了人们的喜爱。与报纸相比，广播不受地理空间的限制，快速性、灵活性、互动性是它独特的优势。而报纸是固定的纸质印刷品，其发行会受地域交通等很多限制因素的影响。电台广播的兴起，弥补了报纸的这些不足，也给报纸带来了强烈的冲击。

三、电视

1925 年，英国科学家贝尔德成功研制出电视机，贝尔德也由于第一个完成长距离短波传送图像而被后人称为“电视之父”。1928年，美国通用电气公司的纽约实验室播映了第一部电视剧。1936年，英国广播公司建立了世界上第一座电视台，被认为是世界电视事业诞生的标志。1941年，第一批商业电视台获准开业。

电视机经历了从黑白到彩色，从电子管、晶体管电视迅速发展到集成电路电视的过程，目前，电视正在向智能化、数字化和多用途化迈进；电视转播也由卫星传播发展到卫星直播。黑白电视阶段从第二次世界大战结束到20世纪50年代中期。1949年美国制造出彩色摄影管和彩色显像管。1954年，美国正式播出彩色电视节目，成为世界上第一个播出彩色电视节目的国家。

电视的出现给报纸、广播带来了极大的冲击。电视媒体具有覆盖面广、传播速度快、送达率高等优势特点，而且其集形、声、色、动态于一体，生动直观、易于传播、感染力强。如果按照受众接收信息的效果，电视，也就是画面，给受众带来最强烈的记忆，其次是广播，最后才是纸质媒体。

各国的广播电视因社会政治制度的不同而各有特征。发达资本主义国家的广播电视具有高度商业化和垄断化的特征，并为资产阶级，特别是垄断资产阶级的政治和经济需要服务；社会主义国家的广播电视，是为社会主义和劳动人民的根本利益服务的。从所有制与经营管理机制来看，各国广播电视机构的所有制和经营管理机制可分为国有国营、国有公营、社会公营、私有私营、公私合营几种。国有国营、国有公营、社会公营的机构，通常被称为公共广播电视；

私有私营、公私合营的机构，通常被称为商业广播电视。[①]

第三节　传统媒体的特性及存在意义

一、报刊

报纸的产生和发展具有其独特的意义和价值。首先是报纸容易保存，有利于流传后世。在手抄文字时期，人们为了传递信息，采用过很多传播载体，包括龟甲、兽骨、石头、木头、竹简、丝绸等。这些载体有的轻便有的笨重，而且很多材料无法长久保存，以致流传不久。报纸则有易于保存的优点，纸张不仅轻薄，而且印刷文字一般来说不容易褪去，能够流传到后世。

其次是携带方便，读报时间和读报地点可以由读者自由掌握和控制。读者可以在地铁、办公室、住所、公园里读报，可以在一天之中的任何时间读报，在这一点上读者的主动性很强。

最后是信息容量大，可以满足不同读者群体的需求。报纸包含着大众所需的大量新鲜信息。虽然报纸会受到版面的限制，但现在很多报纸为达到扩大信息量的目的，都通过扩版或者改版来保证读者能在一份报纸之中尽可能地获得更多更完整的信息。此外，在阅读报纸的过程中，读者可以非常方便地自主选择信息，报纸每个版

① 郑超然．外国新闻传播史．北京：中国人民大学出版社，2000.

面包含一个主题，读者可以根据自身需求寻找自己关注的信息。

综合起来，报纸的特点和优势非常明显，而且有些特点是目前其他媒体无法替代的，这使得报纸能在激烈的传媒竞争中得以生存。然而，随着科学的进步以及人类传播事业的发展，在报纸之后出现了广播、电视和互联网等，和这些媒介相比，报纸的局限性便逐渐凸显出来。为适应媒体发展环境的变化，报纸将朝着“分众”的方向发展，更有针对性地服务个性化读者群体，报纸办得越来越像杂志，服务方式也将随之发生改变。

二、广播

广播的诞生，给报纸造成了一定的冲击，广播的传播优势集中表现在以下四个方面：一是传播面广，广播通过电波传播信息，可以不受地域空间的限制；二是传播迅速，广播传播速度相比报纸更快，能迅速把刚刚发生和正在发生的事情广而告之；三是感染力强，依靠声音的传播而具有传真感，听其声能如临其境、如见其人，相对于报纸更具感染力；四是传播功能更丰富，广播是一种多功能的传播工具，可以用来传播新闻、直播会议、普及知识、提供娱乐等，能满足不同阶层、不同年龄、不同文化程度、不同职业分工的听众的多方面需要。

在新媒体时期，广播虽然受到了冲击，但其通过不断改进自身的传播形式和传播手段，增加现场直播、场景新闻等多种节目形式，采取多时段播出等传播手段，扩展了自身的影响力。与此同时，广播能够满足特定群体的需求，如开车族在旅途中需要收听电台放松神经，在偏远山区的群众需要接收外界信息，在停电或者电力资源不足时听众依然可以方便地通过广播接收信息。

三、电视

电视可谓后起之秀，它的出现改变了原有的传播媒介发展格局，使人类信息传播活动进入一个新的发展阶段，即视听结合阶段。

与广播相比，电视不仅可以传播声音，而且可以传播真实的、活动的图像，并且声音和图像可以同步传播。电视自诞生以来，就以其独特的性质受到人们的热捧。首先，电视视听结合，传达效果好。它用画面和声音表达思想，这比报纸只靠文字和图片，广播只靠声音来表达要直观、立体得多。其次，电视的纪实性强、有现场感。电视能让观众直接看到事物或者事情发生的情境，能使观众产生身临其境的现场感和参与感，以及时间上的同时性、空间上的同位性。再次，电视信息传播迅速、影响面大。它与广播一样，用电波传送信号，向四面八方发射，把信号直接送到观众家里。传播速度快，收视观众多，影响面大。最后，电视功能多样、娱乐性强。由于直接用画面和声音来传播信息，因此观众完全不受文化程度的限制，适应面最广。

电视大大拓宽了人类的感觉器官对信息的接收渠道。电视传播不仅不受时间、空间的限制，传播范围更加广大，传播时效大大增强，而且它传播的信息的多样性和密集程度也大大加强，并更容易为人们所接收。电视不仅是“看”和“听”这些简单的传播形式的延伸，它还使原有的信息传播方式发生了巨大的变化，并对人类的社会活动产生了强烈的吸引力和震撼力。除此之外，电视的可视性、高效传播性使其具有极高的公信力。[①]

第四节　媒体传播效能对比

媒体的传播效能不仅受到其自身传播特性的影响，也受到媒体所在地经济发展水平的制约。在经济发达地区，网络较为普及，传统媒体与新兴媒体并驾齐驱，各领风骚，传统媒体甚至还稍弱于新兴媒体。而在经济欠发达地区，比如农村地区，传统媒体还是占有绝对优势，广播、电视还是这些地区主要的信息接收渠道，这些传统媒体的媒介传播效能要远远大于新兴媒介。

当然，在影响媒体传播效能的因素中最不能忽略的还是消费者。无论是经济发达地区还是经济欠发达地区，消费者的消费习惯对媒体的选择都具有决定性作用。例如在农村，年轻人也开始使用网络媒介作为接收信息的主要渠道，而在城市里，中老年人出于习惯，依然是报纸、电视、广播等传统媒体的忠实拥护者。

---

① 刘爱清．广播电视概论．北京：中国广播电视出版社，2001.

消费者对不同类型的媒介接触点均有一定印象，但不同类型媒体的接触效率差异很大。调查显示，电视广告依然是消费者注意力和记忆度最高的广告媒介，其次是杂志广告和户外广告。值得注意的是，网页广告以及在线搜索引擎也逐步成为消费者关注的广告媒介。调查显示，网页广告以及在线搜索引擎的到达效率指数[①]都位于前列，比电梯广告、电台广告、电影贴片广告、信件中的宣传单张夹页等高出不少。某品牌各媒介接触点的到达效率调查结果如图 1 所示。

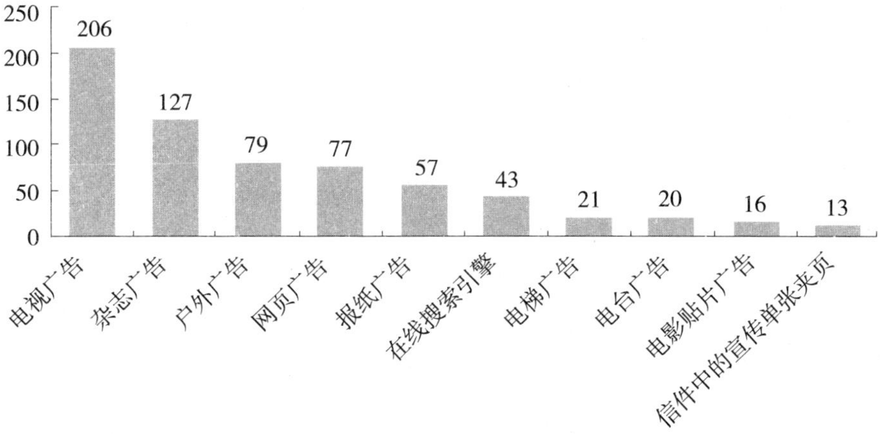

图 1　某品牌各媒介接触点的到达效率

① 效率指数：指数越高表示消费者对此接触点的注意力和记忆度都较高（数据来源：益普索）。

第五节　传统媒体的生存现状

由于受到互联网的冲击，中国乃至全世界的报纸、广播、电视等传统媒体占据的市场份额都出现逐年下降的态势。

一、传统报业

从2005年起，中国众多大型报业的广告收入已出现下滑，发行量增长乏力，读者流失，同行竞争激烈，种种因素困扰着传统报业的发展。在美国，原本发达的全美报业均面临着广告收入不佳、成本增加和发行量连续下滑的严峻形势。美国报业协会数据显示，美国日报发行量在1984年达到高峰，此后到2005年下跌了近60%。从2009年4月份开始，已有百年历史的《基督教科学箴言报》放弃纸质日报，全面改为网络版，成为美国第一家放弃纸质媒介的全国性日报。更有美国专家预言，30年后报纸会从地球上消失。①

相关研究表明，中国报业广告收入增长乏力。

CTR市场研究：中国报业广告收入下半年增长堪忧

在熬过2009年几乎一整年的寒冬之后，今年的报业广告可否令

① 李保强．报业转型，报业印刷渐感寒意．中国印刷，2006（1）．

报业当家人松一口气？据CTR市场研究公司不久前发布的数据显示，2010年1月至6月，报纸广告刊登数量比上年同期增长21.9%。从数据上看，这是近几年少有的增长率，那么，是不是下半年就可以高枕无忧呢？对此，CTR市场研究公司整合营销中心总经理姚林表示，回顾上半年的中国报业广告，尽管数据喜人，但真实情况并不令人乐观。“这仅仅是一种恢复性增长，如果对增长进行结构性分析，可以看出，今年的增长中包含着显著的不确定因素，下半年的增长堪忧。”姚林表示。

二、广播行业

从20世纪90年代中期开始，中国广播业就逐渐沦为了“弱势媒体”。广播广告收入在全国广告收入中所占比例也同样呈现逐年下降的趋势。随着近几年城市家庭购车比例的上升，车载广播听众也有所增长。以经济发达地区目前主流的音乐电台为例，这些电台除了播放国内外流行音乐外，还不时在节目中插入各汽车品牌的促销活动、与车主的互动报道、记者或车主的活动体验交流，也经常向听众穿插介绍一些汽车保养及汽车驾驶方面的知识。很显然，无论是交通电台还是音乐电台，均已经把车主作为主要的受众群体。

数据显示，2004年，中国广告市场总容量约1 260亿元，其中广播32.9亿元，约占广告总收入的2.6%；2008年，全国广告收入达到4 413亿元，其中广播广告收入为72.23亿元，仅占总量的

1.6%；2009年，广告市场总容量约5 000亿元，其中广播广告收入75.83亿元，仅占总量的1.5%。

三、电视行业

我国电视节目形态的飞速发展集中体现在20世纪90年代，这一时期不但涌现出许多新兴的节目类型，而且原有的节目形态也随着受众观念的演变而焕然一新，在这种条件下，电视新闻媒体的竞争不断升级，电视受众注意力被分流，我国电视观众收看电视节目的时间不断压缩。同时，我国电视节目经历了从单一到多元的发展，它带来了新理念，丰富了节目形式，体现了电视节目的多元化趋势，但我国的电视节目理应常变常新，尽可能地克服不足，才能在竞争日益激烈的传媒界立于不败之地。[①]

目前电视行业的发展特征有以下两大方面。一方面为经营状况良莠不齐，“马太效应”[②] 愈发明显。2010年，我国广电全行业的收入首次超过了2 100亿元，其中，中央电视台、上海广播电视台和湖南广播电视台三大巨头的整体收入都超过了100亿元。

另一方面，我国电视行业面临的最主要问题是行业内的竞争。

---

① 张秋漪．浅谈我国电视节目的生存现状．大众文艺，2010（4）．

② 马太效应（Matthew Effect），是指好的愈好，坏的愈坏，多的愈多，少的愈少的一种现象。名字来自于《圣经·马太福音》第二十五章：“凡有的，还要加给他叫他多余；没有的，连他所有的也要夺过来。”社会学家从中引申出了“马太效应”这一概念，用以描述社会生活领域中普遍存在的两极分化现象。

电视台运营领域的“马太效应”越来越明显，三大巨头的总收入占2010年所有电视收入的45%，而在位于收入榜前十位的电视台增收15%的同时，其他超过千家电视台的收入却有所下降，导致全行业收入增幅只有不到9%。

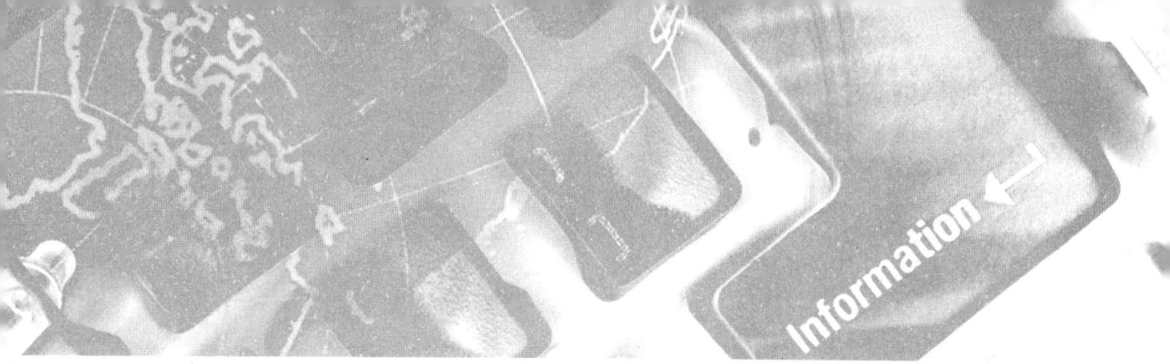

第二章

新媒体的出现及其传播规律

中国互联网络信息中心（CNNIC）发布的《第27次中国互联网络发展状况统计报告》显示，截至2010年12月底，我国网民数量突破4.5亿大关，达到4.57亿，较2009年底增加了7 330万人；互联网普及率攀升至34.3%，较2009年提高了5.4个百分点。其中，我国手机网民数量达3.03亿，较2009年底增加6 930万人，手机网民较传统互联网网民增幅大，成为拉动中国网民规模总体攀升的主要动力。

调查显示，在4.57亿网民中，生活在农村的网民有1.25亿，占总体的27.4%；生活在城市的网民有3.32亿，占总体的72.6%，即100个网民中有27个生活在农村，73个生活在城市。网民年龄结构上，30岁以上的网民占41.8%，也就是说，100个网民中有42个是30岁以上的。网民男女比例方面，男性占55.8%，女性占44.2%，也就是说，100个网民中有56个男人，有44个女人。

在上网时间方面，网民平均每周上网时间达18.9小时，平均每天上网2.7个小时。如果一个人的寿命为80岁，那么根据上述上网时长，相当于他一生中有9年时间不吃不睡只上网。截至2009年，我国服务器可以承载339亿个页面，而截至2010年，服务器承载页面达到600亿个。截至2010年，我国电子商务交易总额超过4万亿元人民币。以淘宝网为例，2010年11月11日这天，淘宝网的交易量就超过了北京、上海、广州三地当天实体市场的零售总额。

另据显示，2010年中国网络广告整体收入为257亿元，其中搜索引擎广告份额占42%，达到108亿元，综合门户达60亿元，网盟达29亿元，视频达11.7亿元，社区10.6亿元。

第一节　新媒体的定义

新媒体的出现有其特定的时代背景。所谓新媒体是相对于传统媒体而言的，对于“新媒体”概念的界定，至今没有定论。有专家认为，新媒体是一个不断变化的概念。“在今天网络基础上又有延伸，无线移动的问题，还有出现其他新的媒体形态，跟计算机相关的，这都可以说是新媒体。”[①] 互联网的盛行及快速发展曾经使业内人士感叹，互联网媒体已经成为继报刊、户外、广播、电视这四大传统意义上的媒体之后的第五大传播媒体。在一段时期内，互联网媒体成为新媒体的代名词，似乎一提起新媒体，人们都会不由自主地想到互联网，互联网是信息量最大最广泛的新媒体形式，但不是唯一的新媒体类型。媒体形式的不断发展和变化，媒体内容、渠道、功能层面的融合，使得人们在使用媒体的概念时需要涵盖意义更广泛的词语。“全媒体”的概念目前在我国较多用于报业，主要指新闻生产和传播的流程再造。

随着科技的发展与时代的变迁，越来越多的传播方式、内容形态和不同的新媒体形式不断涌现，如数字电视、数字杂志、数字报纸、数字广播、车载电视、楼宇电梯视频、手机短信、手机电视、桌面视窗、触摸媒体等。综合来说，新媒体是基于计算机、通信、

---

① 张志君．新媒体研究与发展策略．现代视听，2008（2）．

数字广播等技术，通过互联网、无线通信网、数字广播电视网和卫星等渠道，以电脑、电视、手机、PDA、MP4 等设备为终端的媒体。新媒体能够实现个性化、互动化、细分化的传播方式，部分新媒体在传播属性上能够实现精准投放，如新媒体博客、电子杂志。①

因此，所谓新媒体是指一切区别于传统媒体的具有多种传播形式且内容形态不断更新的新型媒体。新媒体与传统媒体最大的区别在于传播状态的改变，即由“一点对多点”向“多点对多点”的转变。

第二节　新媒体的分类

根据媒体形态划分，新媒体大致可分为以下四大类：

第一类是互联网，如电子杂志、电子书、网络视频、博客、播客、视客等。其中，“播客”是 2005 年新闻传播学术期刊上又一个让人们耳目一新的词汇。“播客”又被称作“有声博客”，是“Podcast”的中文直译。用户可以利用“播客”将自己制作的“广播节目”上传到网上与广大网友分享。Podcasting 使用 RSS 2.0 文件格式传送信息，该技术允许个人进行创建与发布，这种新的传播方式使得人人都可以说出他们想说的话。有专家认为，播客实现了从文字

---

① 孙强，温宇俊，张鹏洲．关于新媒体产业发展的一些思考．中国科技传媒，2008（9）.

传播向音频、视频传播的转化，增加了娱乐成分。播客还满足了人们表达自我、张扬个性的需求，同时还加强了媒介交流与互动。并且，播客将来会从业余走向专业，从免费走向收费，形成免费与收费共存的局面。

第二类是无线网络，如手机短信、手机 WAP、彩信手机报等。在这一类别中，手机版报纸内容图文并茂，与传统媒体相比，手机报新闻时效性更强，很多新闻都能在报纸上报摊之前看到；同时，手机报简洁方便，可容纳一份内容丰富的报纸，热点新闻、房产行情、彩票服务、生活信息等内容应有尽有；手机报还不受时间地点限制，可随时随地阅读。此外，手机报不占用手机的存储量，只处于一种虚拟存储状态。另外，手机报还能从订购客户体验出发，考虑到受众的阅读习惯和延伸需求。例如，形式上最大限度地展现报纸的全貌；使用上则能瞬间接收，随看随翻，彻底摆脱传统报纸媒介的时空限制；而且订阅者还可将自己的感想和意见即时发送给无线报纸平台，编者和读者之间再没有隔膜，能实现直接的交流互动。

第三类是数字广播网络，如手机电视、数字电视、车载电视、公交电视等。其中，数字电视是一个从节目采集、节目制作、节目传输到用户端都以数字方式处理信号的端到端系统。数字电视采用先进用户管理技术，将节目的质量和数量做得尽善尽美，并为用户带来更多的节目选择和更好的节目质量。与模拟电视相比，数字电视具有图像质量高、节目容量大和伴音效果好的特点。例如：

（1）音画细腻逼真。由于采用了数字编码、压缩和传输技术，数字电视大大降低了传输过程中的信号损耗，基本消除了模拟电视中的“雪花和条纹”现象。

（2）功能种类繁多。数字电视使用方便的节目收视导航，电视网站、实时股市行情、游戏、电视短信等新型服务形式也出现在电视荧屏上。

（3）频道多元丰富。数字压缩技术的应用使一个频道传输 4～8 套节目成为可能，全方位拓展了收视空间，用户仿佛置身“节目超市”，可随意挑选精彩节目。

（4）内容个性十足。有线数字电视节目注重满足不同用户的个性化需求，用户可根据自己的喜好自由选择，真正成就“家庭电视台”的梦想。

第四类是跨网络，如 IPTV 等。IPTV 即交互网络电视，一般是指一种通过互联网，特别是宽带互联网络传播视频节目的服务形式。互动性是 IPTV 的重要特征之一。有人指出：“IPTV 用户不再是被动的信息接受者，可以根据需要有选择地收视节目内容。”①

第三节　新媒体的属性对比分析

新媒体的属性决定了它的传播特点及传播效果，同时也影响了

① 孙强，温宇俊，张鹏洲．关于新媒体产业发展的一些思考．中国科技传媒，2008（9）．

受众对其传播的信息的接受程度与使用频率。

从属性上来讲，传统媒体属于大众传播范畴，运用线性传播方式，受众行为比较单向和被动，其服务范围也具有明显的区域性。新媒体的出现，克服了传统媒体存在的许多缺点与不足，具有一定的优势。下面我们就以移动电视、网络电视以及3G手机为例来阐述新媒体的特殊属性。

移动电视属于分众传播范畴，具有移动伴随性。移动电视虽然属于新媒体，但其单向被动的受众行为、间接销售的经营模式以及区域性的服务范围，仍然摆脱不了传统媒体的桎梏。与之不同的是，网络电视与3G手机相对于传统媒体，其属性有了较大的改善，更加符合现代传播要求。以网络电视为例，分众传播、非线点播、双向互动的特性与新媒体的属性极为吻合，其直接销售的经营模式以及全球性的服务范围，更是突破了传统媒体的传播局限。而3G手机更是以小众传播的媒体特性走进了大众视野。其高端窄播的传播方式，较传统媒体有了更进一步的改善，双向互动的受众行为、直接销售的经营模式以及全球性的服务范围，也兼具新媒体的特征。

总而言之，新媒体在媒体特性、传播方式、受众行为、经营模式以及服务范围上都有了很大的提升，更贴近现代传播特性，也更符合现代社会的传播需求。（见图2）

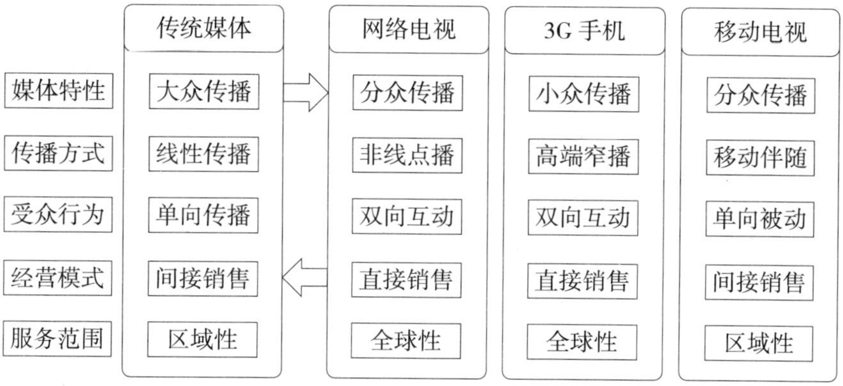

图 2 新媒体与传统媒体的属性对比

第四节 新媒体的特征

如果说，科技为新媒体的井喷式发展提供了肥沃的土壤，那么隐蔽性、分众性、互动性、灵活性、自主性和高科性等传播特征就是新媒体能够在短时间内被大众欣然接受的重要原因。

隐蔽性是新媒体的显著特征之一。新媒体的表现形式多数隐藏于日常环境中，这种特性能最大限度地减少媒介与受众之间的抵触性，使信息传播和休闲娱乐结合得更为紧密。例如，每一条微博都可以不着痕迹地把广告信息融入，但依然能够保持它的娱乐性，吸引浏览者的关注。“刚下飞机，公司除了派人来接，还送上联想乐PAD 一个，玩会儿，呵呵，愤怒的小鸟来了！”在某企业的营销活动前，明星韩庚在微博里巧妙地融入了赞助商的产品广告，这种隐性的广告，虽然粉丝们一眼就能看出，但基于对明星的热爱，粉丝们还是会积极参与转发。

同时，新媒体传播具有分众的性质。新媒体可以更有效地针对受众传播特定的信息，再加上一些新媒体属于主流媒体，信息传播率高，所以它能很好地找到每个人单独的时间，通过这些零碎的时间，得到传统广告难以获取的有利环境。此外，分众的“点对点”或“点对面”推送使得新媒体信息传播到达率得以提高。例如，视频播放器可以让受众在等电梯或乘坐电梯这段短短的时间内接收到广告资讯。针对大楼的访问群体实行分众传播能够提高信息的传达率，同时大大降低商品的信息传播成本。

新媒体的互动性是吸引用户的主要原因之一。与传统媒体相比，新媒体打破了以往“一对多”的传播模式，“多对多”的传播方式使新媒体具备了传统媒体无法达到的传播效果。在互动性方面，“奥斯卡星妈微博助阵”就是一个很好的例子。在去年奥斯卡颁奖典礼前，组委会召集了各位提名者的母亲，让她们通过 Twitter（中文名“推特”，是国外的一个社交网络及微博客服务网站）与网友互动。于是星妈们纷纷曝出子女们的“花边新闻”，吸引了很多网友“围观”。据统计，奥斯卡直播期间有超过 120 万条信息在 Twitter 发布。

灵活性是新媒体的又一显著特征，并与互动性相辅相成。与传统媒体相比，新媒体具有鲜明的时代个性与广泛的应用性，适合于不同场所，具有生动性和真实感，可以产生更好的视觉效果。例如现阶段的数字机顶盒，传统广告只能在荧幕上表现，机顶盒新型广告则可以植入开机画面以及选择频道时弹出的电视栏目框，表现形式灵活，这也是早期有线电视所不具备的。

新媒体还具有自主性。与传统的媒体不同，新媒体可以提供更丰富多样的广告形式，而最大的一个特点则是这种媒体具有很强的互动性，即消费者可以主动地“忽略”（点击关闭）广告；亦可任意地“获取”（点击打开）；在媒体上的消费时间更可以“随意地延长”。

此外，新媒体还具有高科技性。相对传统媒体，新媒体不再是一张报纸、一部电视机一样那么简单的传播媒介。新媒体一诞生便显示出高科技的属性，它具有鲜明的时代个性与广泛的应用性，适用于不同场所，可以产生更好的视觉效果。新媒体具有生产性和真实感，能够较好地表现商品的各种特性。

第五节 新媒体的传播优势

新媒体拥有人际传播和大众传播的优点，完全个性化的信息可以同时送达更多的人，每个参与者不论是出版者、传播者还是消费者，对内容都拥有对等的和相互的影响。

新媒体可以综合各大传统媒体的信息，并加以分门别类，让受众接受信息的方式从被动变为主动，受众可以通过点击各网站标题和使用搜索引擎来浏览自己感兴趣的信息。在横向上，受众可以通过关键字词的查询，获得大量同一时期的相似或相关的信息；而在纵向上，技术的提升使得网络可以保存足够的历史信息，受众也可以通过较为方便的方式获得这些信息。

互联网能储存海量信息这一特征，满足了受众即时搜索、即时获取相关信息的需求。在互联网上，受众可以随时搜索到相关信息。报纸虽然也具有可保留性，但是由于它本身的载体是纸张，保存起来相对不便，在查找上也存在一定的难度，而广播和电视在这方面更是无能为力了。

新媒体传播形式多样，信息传播范围广，不仅可以传播文字、图片信息，更可以承载声音和影像等信息，突破了以前选择一种媒体只限于一种或两种传播手段的局限。而新媒体的传播媒介承载了更高的技术条件，具有传播速度快、覆盖人群广、信息海量等特点，信息范围比传统媒体要广泛得多。在互联网上，网民在阅读某一则新闻的时候，可以根据自己的需求选择文字、图片或视频模式，传播形式的多样化使信息的传播范围更广，受众的接受程度更高。

新媒体信息传播快，交互性强。新媒体依附于互联网等高科技载体，一诞生便具有信息传播快、交互性强等特征，受到了新时期受众的喜爱。以 2001 年美国发生的“9・11”恐怖袭击为例，在第一架飞机撞击纽约世贸大楼之后的 10 分钟内，国内最大的门户网站新浪网就迅速有了文字报道，此时连以快速反应著称的凤凰卫视都还没开始进行现场直播，而各大报纸哪怕以最快的速度进行采编也要到第二天才能发行。又如南非世界杯，很多视频网站和依靠无线网络支持的移动电视都对赛事进行了网络直播。

新媒体无地域限制，自由度更高。网络在信息的传播中最大限度地消除了地域性。目前国内大部分受众还无法从传统媒体上广泛接受来自世界各地的信息。而覆盖全球的互联网拥有无数个接点，任何信息都可以通过这些接点迅速传播到网络的任何角落。网络上大量的论坛、博客、播客等平台还能使每一网民都成为记者，只要他们采集的新闻具有广泛性和轰动性，就足以传遍全球。最近几年在国内传播甚广的新闻事件中有相当一部分最初来自网络，如“女宝马车主撞人”，“史上最牛拆迁钉子户”等，甚至很多传统媒体的记者每天都会花费大量时间在网络上寻找新闻点。[1]

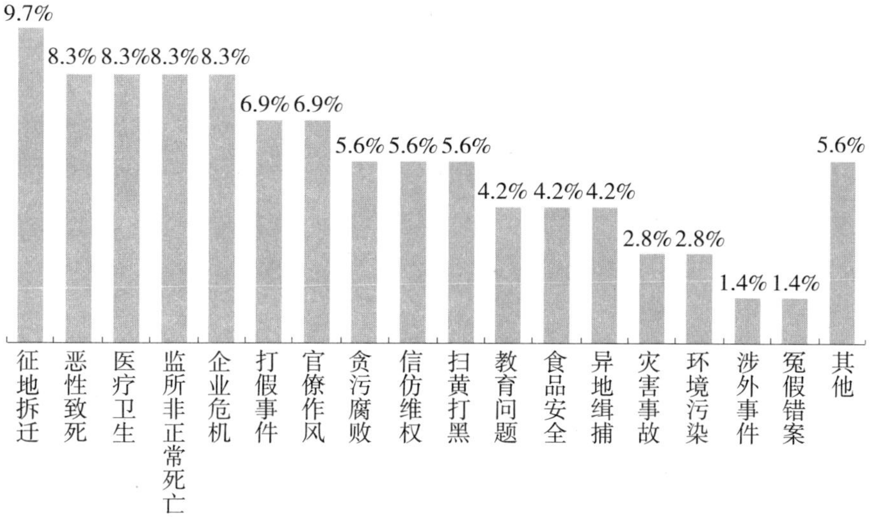

图 3　2010 年网络舆情及突发公共事件领域分布图[2]

---

① 王伯群，曲岩. 浅析传统媒体与网络媒体之现状及发展趋势. 新闻研究导刊，2010（3）.

② 资料来源：中国传媒大学网络舆情（口碑）研究所/艾利艾咨询（IRI）。

人民网舆情监测室发布的2010年热点事件（单位：点击量）

序号	事件/话题	天涯社区	凯迪社区	强国论坛	新浪论坛	中华网论坛	新浪微博	合计
1	腾讯与360互相攻击	477 000	6 592	3 213	240 861	42 312	2 605 482	3 345 460
2	上海世博会	149 093	6 547	10 472	7 824	10 808	1 061 019	1 245 763
3	网络红人“凤姐”	22 600	2 169	756	10 509	6 074	570 050	612 158
4	李刚之子校园撞人致死	25 641	4 982	2 154	5 864	16 870	144 840	200 351
5	富士康员工跳楼	33 800	4 072	16 900	5 015	20 211	57 327	137 325
6	袁腾飞言论惹争议	2 522	1 352	18 400	1 493	66 973	45 163	135 903
7	北京查封“天上人间”	13 400	1 840	2 350	5 869	9 504	82 932	115 895
8	郭德纲弟子殴打记者	30 400	3 636	2 873	4 835	15 205	29 550	86 499
9	唐骏“学历门”	821	3 620	1 976	1 309	2 746	72 657	83 129
10	宜黄强拆自焚事件	22 100	2 416	919	608	6 452	44 990	77 485
11	方舟子遇袭	1 248	1 994	12 300	2 809	16 400	43 293	78 074
12	张悟本涉嫌虚假宣传	11 900	2 777	549	1 220	3 386	36 465	56 297
13	各地校园袭童案	14 100	848	642	2 221	1 524	32 141	51 476
14	安阳曹操墓真伪之辩	15 900	2 520	554	1 090	1 857	27 861	49 782

（续上表）

序号	事件/话题	天涯社区	凯迪社区	强国论坛	新浪论坛	中华网论坛	新浪微博	合计
15	山西“问题疫苗”	6 542	2 856	1 117	517	1 792	35 939	48 763
16	商丘赵作海冤案	10 400	3 825	1 386	1 759	2 984	23 094	43 448
17	王家岭矿难救援	11 800	1 452	874	647	3 631	18 076	36 480
18	谷歌退出中国	10 500	2 182	914	1 254	555	15 323	30 728
19	唐福珍自焚	11 000	5 562	3 213	1 083	1 658	9 651	32 167

第六节　新媒体的局限性

新媒体是在新的技术支撑体系下发展起来的媒体形态，比较依赖于技术。不再像以前通过标语横幅等原始传播方式就能够广而告之，没有数字化等技术，新媒体便不可能展现其丰富的功能。

首先，在我国，新媒体相对于传统媒体而言，其官方权威性不足。根据国务院新闻办和信息产业部 2000 年 11 月 7 日颁布的《互联网站从事登载新闻业务管理暂行规定》，不允许国内的网络媒体拥有自己的一整套采、编、播体系，因此，它的信息绝大部分只能来源于传统媒体。该办法规定，已取得从事登载新闻业务资格的网络媒体，若出现未取得从事登载新闻业务资格而擅自登载新闻、登载自行采写的新闻或者登载不符合该规定第七条规定来源的新闻的，或者未注明新闻来源的，以及未经批准，擅自链接境外新闻网站，登载境外新闻媒体和互联网站发布的新闻的，都将撤销其从事登载新闻业务的资格。

其次，目前新媒体还缺乏较好的公信力。据 CTR 调查数据显示，被访者对媒介公信力给出的整体评分为 3.61，对媒介整体可信度评价处于“一般”和“可信”之间。而在不同媒体中，中央电视台可信度最高。调查显示，被访者对电视、报纸、广播等传统媒体认同度相对较高，对网络的认同度普遍偏低，而博客、论坛则被评定为不可信的媒体。

博客、论坛被认为是不可信媒体，并非夸夸其谈。自日本发生 9 级大地震后，一条据传来自英国广播公司（BBC）的关于日本核事故“扩大化”的消息，以及“使用碘盐可以防辐射”的消息开始在微博蔓延，引起大量民众转发，特别是经过一些实名认证用户和名人明星的评论传播之后，各种消息以几何速度向四面八方传播，甚至使上海、浙江、广东、广西等地纷纷出现“抢盐”现象。

谣言在网络出现后，微博的传播力显现出“乘数效应”。博主在网上频繁转发，网下口口相传，微博成了“恐慌”流传的加速器和放大器。中国人民大学新闻学院匡文波教授表示，谣言的产生和传播有两个重要因素：一是事件的重要性，二是信息的不透明。日本大地震的重要性和受关注度非常高，同时，核辐射的问题对于非专业的普通人而言很神秘，公众缺乏核知识，所以关于核电站爆炸后辐射问题的谣言非常流行。

但值得欣喜的是，针对这些快速传播的谣言，新浪微博推出了官方微博辟谣账号，集中对谣言进行澄清，对于恶意上传虚假内容的用户及时给予曝光和处罚。同期，新浪还成立了微博辟谣小组。腾讯也设立了“谣言终结者”官方微博账号。

而在此之前，2010 年 12 月 6 日晚 7 点半左右，一条内容为武侠大师金庸在港病逝的消息在微博流传。虽然只有寥寥 46 个字，但金庸的知名度及其在众多武侠迷心中的崇高地位，使得这一消息在短时间内获得了空前的关注。

该消息发布后，仅 22 分钟的时间，著名媒体人闾丘露薇就在微博上辟谣，称证据有两条：①金庸昨天刚出席树仁大学荣誉博士颁奖仪式；②香港根本没有尖沙咀圣玛利亚医院。但《中国新闻周刊》未加核实就转发了该虚假信息，让不少网友误以为是媒体求证后发布的官方信息，这在一定程度上为网友“信谣传谣”添了把力，增加了去伪存真的难度。不过，网上网下很快证实这又是一次网友策划的“娱乐假死”。

据网民事后分析，消息最早来源于百度贴吧“金庸吧”。网友“拇姬”说此虚假信息为“一个刚注册的 ID‘金庸去世了’发的谣言”。这被认为是能够查到的较早的消息源。网络搜索结果显示，消息出现在“金庸吧”后，曾先后在 Twitter 和人人网等网络互动平台上流传，而后才传至新浪微博。

始作俑者大概不可能追索到，但《中国新闻周刊》官方微博的一个转发，却导致了该杂志一位副总编辑、一位主编和一位编辑的辞职。网络互动平台在传播真相和谣言时都具有极高的效率，信息的发布者和接受者都需要学会适应。微博的风靡，为网络谣言提供了温床。但微博又何尝不是让假消息难以遁形的“照妖镜”，它的高度交互性，使网友可以更方便地互动求证，以最低廉的成本和最快捷的方式辟谣。

第七节 新媒体发展的意义

新媒体的发展为当前的媒体生态环境带来了新的变化。首先，新媒体的诞生和发展打破了传统话语权的垄断，话语权进一步趋向分散。新媒体汇集了来自四面八方的声音，所谓的“主流媒体”的声音逐渐变弱，人们不再满足于被一个“统一的声音”告知信息的现状，每一个人都在通过独立获得的资讯对事物作出判断。通过微博、个人日志、个人主页等新媒体，达到“点对面”的传播。

其次，新媒体的信息传播打破了自上而下的信息流动格局，形成了一种自下而上的趋势。印刷品传播和电子传播的形态、通道是固定的，其传播的专业要求和边际成本都很高，传播者具有较强的垄断性和控制权，而数字化必然带来的网络化，以及网络化必然导致的交互性，使传播者和接收者的身份转换极其容易。如今通过发送手机短信、撰写博客日志、发布微博、IM 群聊等，即可在“任何时间，任何地点，对任何人”进行信息的传播，突破传统主流媒体的话语权壁垒。

再次，在新媒体条件下，能够建立以个人为中心的话语圈，构建新的媒介生态环境。目前，中国的媒介话语已经初步形成了由原来高度集中和唯一性的国家宣传话语逐步向开放、多元、公开的官方和民间的二元结构转型的格局。① 同时，传统媒体与新媒体话语传播资源相互制衡的媒介生态环境也已逐步构建起来。

最后，中国三网融合也有了突破性进展，在宽带网络、移动互联网以及3G网络的蔓延下，台式机、手机、平板电脑、笔记本、掌上电脑等新媒体终端极为多样化，新媒体技术不断更新，应用层出不穷，社交网站、微博、新闻网站、音频及视频网站、手机报、电子书等新媒体形态推陈出新、日益丰富。

第八节　新媒体产业发展特点

当前，新媒体的技术支持发展得越来越成熟。从发展广度上看，2010年全球互联网网民已突破20亿，手机用户超过50亿，其中我国的互联网网民超过4.5亿，手机用户超过8亿，这使中国成为名副其实的全球新媒体用户第一大国。从发展深度上看，中国新媒体社会化水平进一步提高，新媒体经济、电子政务、电子商务、网路流行语的“火热”则让新媒体纵深渗透至政治、经济、文化、军事等领域。

新媒体的快速发展离不开两个基础条件，一是技术发展程度，二是产业发展资本。前者要求技术必须能够支撑人们对内容的需求。

① 袁媛．新媒体新闻事件话语传播价值解读．东南传播，2009（8）．

以手机流媒体为例，手机用户必须拥有具备流媒体技术的手机媒介，才能通过手机观看视频节目，满足其对娱乐的需求。

首先，在各种新技术的带动下，手机已经变成一个展示新媒体传播方式的强大终端。如今，手机已经成为现代人收发微博、浏览网页、收看视频节目，甚至网络购物以及移动支付等的主要载体。手机突破了其单纯作为通信工具的局限，逐渐渗透到人们的日常生活中，成为一个展示新媒体传播的强大终端。

其次，新媒体越来越受到广告主的重视，广告投放量逐步增大。新媒体广告具有投资小、针对性强、传播快、收效大等优势，其价值正不断得到广告主和营销机构的认同，因此广告主在媒体投放方面的资金已经逐步转移到新媒体中。目前，国内一些知名企业已经开通企业微博，并通过与“粉丝”的实时沟通，将企业最新的产品以及优惠折扣等信息传递给消费者，取得了良好的传播效果。2010年，中粮集团就与MSN合作建立了一个名为“中粮生产队”的社区互动交际游戏，它将中粮集团旗下丰富的产品植入游戏之中，让玩家在游戏之余获得更多健康生活知识，吸引了超过1 000万用户参与，他们成了中粮遍布全国的“宣传员”。在微博兴起之后，中粮集团又把“中粮生产队”搬到了微博上，继续通过游戏的方式唤起网民主动参与的积极性。中粮采用的这种方式，巧妙地寓教于乐，是国内企业微博营销值得借鉴的新思路。[①]

---

① 新华网．业内观察：谁能抓住微博背后的商机．http：//news.xinhuanet.com/it/2011－01/22/c_121012678.htm。

最后，在小受众群媒介中，手机受众黏着度最优。统计数据显示，受众看手机新闻的周平均天数超过广播、移动公交电视等传统或新兴媒体（见图4）。虽然手机的受众基础距离其他媒介还有较大差距，但受众对手机新闻的黏着度很高，发展速度不容小觑。

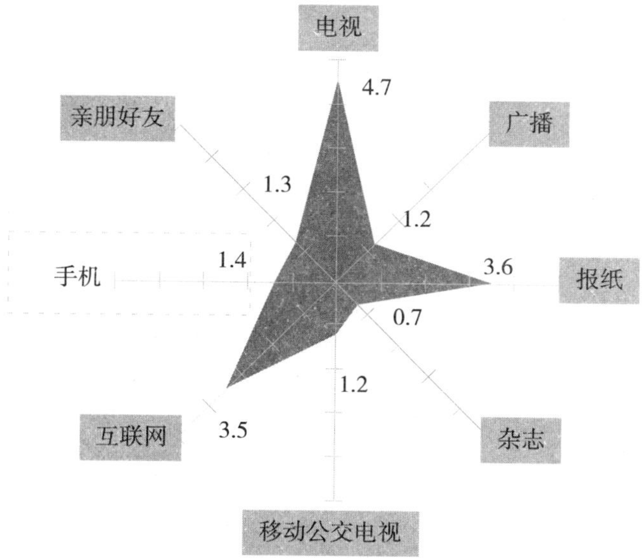

图4　各媒介的周平均接触天数

随着新媒体的蓬勃发展，围绕新媒体的产业链也由此诞生。新媒体的产业链包括内容提供商、软件及技术提供商、网络运营商、营销机构和检测机构等。在新的环境下，受众是新媒体的接受者，还承担着信息生产的双重身份。检测机构主要是指对新媒体的传播效果进行评估的机构。企业是新媒体营销活动的发起者，同时也是营销费用的承担者。[①]

第九节　新媒体与传统媒体的竞合

新媒体与传统媒体的竞合，将产生一系列的效果，其中就包括双方的竞争价值对比。双方的竞争价值对比可以从受众获取价值和企业获得价值方面进行划分。受众获取价值主要包括信息获取范围、成本、获取的便捷性和干扰性。另一方面，企业可以通过信息制作成本、发布效率、传播效率等获得价值。

新媒体虽然有很强的商业价值，但是它的运营发展同样面临着问题，比如存在的内容贫乏、专业监管等技术问题，使其不得不与传统媒体展开多角度的合作。在内容合作方面，提升内容价值，借助传统资源提高新媒体的价值。在渠道合作方面，使用传统媒体的渠道提高其知名度、提升运营价值、规避政策风险。然而，新媒体能够成为音频、视频的呈现载体，这便与电台、电视台形成竞争的关系。从纵向来看，传统电视与数字电视、IPTV 是一个竞争群组，受众会有很大程度的重叠，而且新媒体对传统媒体用户的替代趋势逐渐明显。另一个竞争群组是报纸、杂志和电子杂志，同时也使传统媒体向新媒体的转变速度加快，用户替代趋势明显加快。[②]

---

① 流媒体网．2006 中国新媒体发展研究报告．http：//p2p. lmtw. com/Manalysis/200612/28725. html.

② 杨状振．中国新媒体理论研究发展报告．现代视听，2009（5）.

目前，中国新媒体产业已经表现出融合、创新、合作、替代等趋势和特点。其中，融合是新媒体发展的显著特点。媒介融合还可以分为技术融合、渠道融合、内容融合、服务融合、战略融合、组织融合以及产业融合，等等，其最终形态可以是互联网、手机、电视等多媒体终端。

新媒体发展将影响设备制造、网络运营、软件开发等相关产业的发展，只有不断地变革才能有不断的融合。媒介融合包括两方面，一方面是技术的融合，另一方面是新旧媒体的融合。媒介融合是国际传媒大整合之下的新运作模式，简单地说，就是把报纸、广播、电视和互联网的采编作业有效地结合起来，资源共享，集中处理，并衍生出不同形态的信息产品，然后通过不同的平台和终端传播给受众。这种新型整合作业模式已逐渐成为国际传媒业的新潮流。网络媒体的出现促进了媒体整合、融合的速度，最初体现在报刊所办的电子版上，随后广播和电视也跟进到媒体融合的行列中。随着技术的进一步发展和成熟，无论是3G手机，IPTV还是更加完善的网络视频都有可能成为未来的多媒体终端，而这一切不过是技术发展所催生出的不同载体而已。三网融合已突破层层障碍成为必然趋势，并将会为媒体的发展注入新的动力。

美国新闻学会媒介研究中心主任安德鲁·纳齐森（Andrew Nachison）将融合媒介定义为“印刷的、音频的、视频的、互动性数字媒体组织之间的战略的、操作的、文化的联盟”。[1] 他强调的媒介融合更多是指各个媒介之间的合作和联盟，是基于数字化技术的不同媒介之间的资源共享。因此，它不仅仅是网络媒体与传统媒体在技术和内容上互通有无、相互学习、取长补短，而且应该适用于所有媒介形式之间。

新闻传播学中，“Convergence”是一个具有不同层次含义的复杂名词。里奇·高登（Rich Gordon）对不同传播语境下该词所表达的含义作了分类：媒体科技融合（Convergence in Media Technology）、媒体所有权合并（Convergence of Ownership）、媒体战术性联合（Convergence of Media Tactics）、媒体组织结构性融合（Structural Convergence of Media Organization）、新闻采访技能融合（Convergence of Information Gathering）、新闻叙事形式融合（Convergence of News Storytelling）。[2] 其中，媒体所有权合并指的是“当今传媒集团最高层次的融合，是指媒体所有权的集中。传媒公司之间通过收购、合并等手段，进行产权、营运、产品上的整合，形成规模庞大的多媒体集团，从事具有规模效益的多媒体业务。这样，报纸、广播、电视、电影和网站的生产作业便得以打破彼此的界限进行互动性融合，进而达到资源共享并衍生出不同形式的信息产品，然后互相推动、促销、造势，通过不同的平台传播给受众，从而取得事半功倍的经

---

① Andrew Nachison. Good business or good journalism? Lessons from the bleeding edge. A presentation to the World Editors' Forum. Hong Kong, 2001.

② 宋昭勋. 新闻传播学中 Convergence 一词溯源及内涵. 现代传播，2006（1）.

济效益”。其思想初步体现了媒介之间产业融合的特点。另外，随着媒介之间产业边界的消除，价值链重构的同时也出现了组织层面的整合，里奇·高登在他的分类中提出的媒体组织结构性融合，可以理解为建立在产业融合基础之上的业务融合，即“传媒从业人员的工作职责和媒体组织结构也会随之发生变化”。

传媒生态环境的改变，一方面是媒体技术革新的结果，媒介的融合将会从视觉、听觉、文字和图像等多种格式、多种形态满足人们的个性化、精准化消费需求。另一方面是社会结构和消费文化改变的结果，随着社会分工的演进和经济的发展，拥有不同经济境况和社会地位的群体逐步出现。

如果说三十年前传统媒体面临的发展问题是“传播内容的竞争”，那么当今传统媒体面临的严峻问题是“生存的挑战”，即通过结构和规制的重组，走媒体融合之路。媒介之所以融合，除了技术的原因之外，融合的优势是驱使媒介走向融合的内在驱动力。所有媒介产品都有一个共同特性，即实质上都是信息产品，而信息产品有两个特点：第一，可以无限制、几乎零成本地进行售卖、复制；第二，可以重复使用。而媒介融合将使信息产品的两个特点发挥得淋漓尽致。

在媒介融合方面，《纽约时报》的广告融合经营就是一个很好的例子。纽约时报公司的数字化建设是作为一项发展战略进行的。到1999年初，经过磨合，公司最终把所有互联网部门合并成一个新的独立公司“数字纽约时报”（New York Times Digital）。自此，网络版的运作与印刷版分开了。报纸的网站是独立运作的，不再由报社直接主管，不只依靠报纸提供新闻源和网站内容，而是自有单独的采编队伍，独立核算、独立经营，网站除了提供完整的印刷版内容外，还有滚动新闻、多媒体报道、广泛的分类新闻目录、电子邮件和数据库等，免费与收费相结合，其发行量与收入同步计入《纽约时报》印刷版的发行量与总收入之中，核心目标和价值观也与整个公司一致。[①]

① 徐沁．媒介融合论．北京：中国传媒大学出版社，2009．

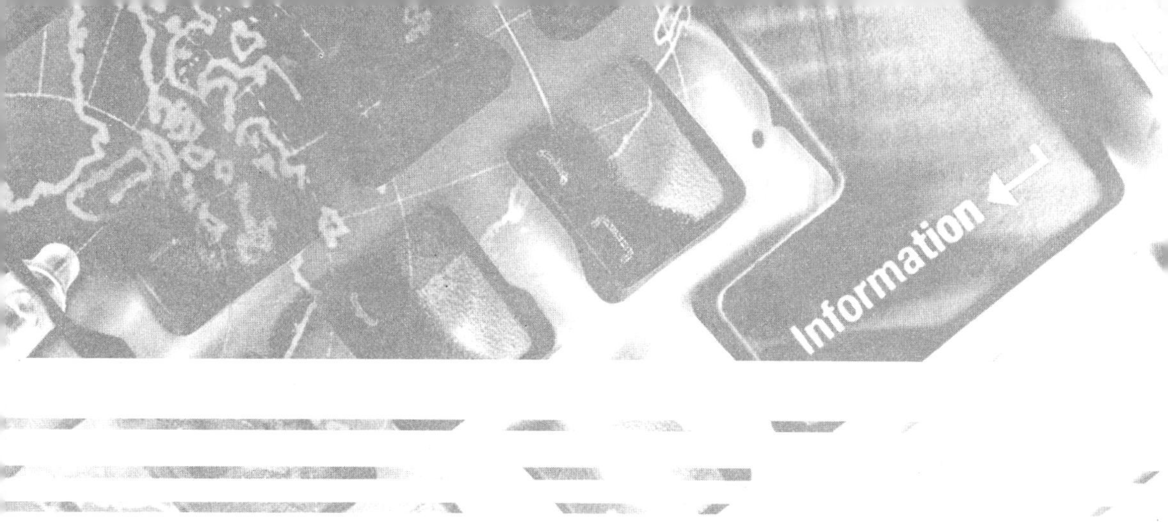

第三章

新媒体的发展环境与传播形态

新媒体的发展意味着技术的进步、传播语境的改变、传统话语权的解构和内容生产方式的转变。在中国，新媒体产业的市场发展空间巨大，同时政府的扶持力度在逐步加大，新媒体产业的外部发展环境越来越好。据统计，2010 年中国新媒体的两大组成板块——网络媒体和移动媒体均实现了快速增长。随着新媒体产业的发展，市场竞争也日趋激烈。

第一节　新媒体的传播环境分析

中国已成为世界新媒体用户第一大国，在全球新媒体快速普及但发展不平衡的格局中，中国的新媒体在发展方式、文化特质等方面愈发彰显出民族品格和中国特色。2010 年是新媒体发展史上极具标志性意义的一年，互联网和手机等新媒体继续高歌猛进，快速向全球扩张，在西方国家主导的新媒体发展格局中，经过十几年的奋进，中国新媒体的本土化发展特征日益鲜明，具有中国特色的新媒体发展道路逐渐成形。2010 年全球互联网网民已突破 20 亿、手机用户超过 50 亿，其中中国互联网网民超过 4.5 亿，手机用户近 9 亿，中国成为名副其实的全球新媒体用户第一大国。

西方国家由于在技术、资本与标准方面具有绝对优势而主导全球新媒体发展格局，导致全球新媒体快速普及但存在严重的不平衡。2010 年，发达国家每百人网民数量超过 71.6 人，而发展中国家为 21.1 人，落后于发达国家 10 年以上。到 2010 年末，全球使用手机数量达到52.82亿部，发达国家每百人拥有116.1部手机，发展中国家达到67.6部，不及发达国家2004年的普及程度。

2010年是中国新媒体发展史上具有标志性意义的一年，当年中国互联网网民数量超过4亿，年底达到4.57亿，超过三分之一的中国人成为网民。中国网民相比2000年的2 250万人增长约20倍。中国互联网起步较晚，2000年普及率还不到1.7%，当时不仅远不及发达国家（24.6%），还大大低于世界平均水平（6.4%），甚至略低于发展中国家2%的普及率。经过十年的奋起直追，中国互联网普及率在2010年达到34.3%，是发展中国家平均水平21.1%的1.62倍，与发达国家在普及率方面的差距在逐年缩小。此外，中国手机用户2010年突破8亿，2011年3月底达到8.9亿，是美国3.03亿手机用户的近3倍。

但是，在新媒体领域，中国在互联网普及率、带宽等很多方面与西方国家还有比较大的差距，新媒体的强国之路任重道远。不过十余年间中国新媒体奋进之路成绩喜人，特别是在与发达国家在多个层面的利益博弈中，中国积极借鉴而不盲目照搬他国模式，坚持政府规划主导、“以我为主”的新媒体发展方式，开放性地引进西方资本和商业资本，积极引入和研发新媒体技术，大力扶持互联网企业健康有序发展，积极探索有效、有度的新媒体管理模式。中国新媒体发展的民族品格日益彰显，本土化道路已近成型。①

---

① 中国社会科学院新闻与传播研究所．中国新媒体发展报告（2011）．北京：中国社会科学院社会科学文献出版社，2011.

第二节　互联网发展环境现状分析

由于竞争加剧，新媒体运营发展呈现出两极分化的特点。少数大型新媒体企业凭借其资金、技术和人力优势，在市场竞争中具有明显的优势，而大多数小型新媒体企业只能依靠更加细化的市场维持生存。

目前中国网络经济的营利模式仍较传统，收入主要来自网络游戏、网络广告以及移动增值这三大传统行业，但电子商务发展迅速，市场份额已经超过 10%；Web 2.0 的网络社区和视频分享等已成为网络应用的热点。

截至 2010 年 12 月，中国网民数量达到 4.57 亿，较 2009 年底增加 7 330 万人；互联网普及率攀升至 34.3%，较 2009 年提高了 5.4 个百分点。宽带网民数量为 4.5 亿，有线（固网）用户中的宽带普及率达到 98.3%，其中三大业务模式仍是中国网络经济的主流。[①]

同时，搜索和 Web 2.0 已成为网络应用热点。艾瑞咨询根据 iUserTracker 最新数据研究发现，网页搜索人均月度访问天数居于相对领先地位，截至 2010 年 12 月，其人均月度访问天数达到 12.4 天；博客和电子邮箱的人均访问天数基本持平，都超过了 9 天；作为

---

① 中国互联网络信息中心．CNNIC 发布第 27 次中国互联网发展状况统计报告．中国远程教育，2011（2）．

Web 2.0的应用形式，社区类服务已经成为互联网的主要应用之一，其中博客的用户黏性已经超过电子邮箱；视频分享的人均月度访问天数保持稳步上升态势，并在2010年12月达到4.7天，超过了IT资讯和C2C平台。同时，电子商务成为网络经济新亮点。2010年第四季度中国网络经济整体规模达到456.7亿元，环比上涨9.9%，同比上涨53.7%。电子商务在整体网络经济中的占比持续增大，电子商务迎来“美好时代”。[①]

由此看来，搜索、Web 2.0和电子商务已成为网络经济的重要支撑力量，能提供丰富的内容，每天传播的信息量远远超过传统媒体，也使单一的网络业务模式向多元化网络业务模式发展的速度不断加快。

第三节 移动互联网发展环境现状

移动互联网相对于互联网而言是新鲜的事物，移动互联网的定义有广义和狭义之分。广义的移动互联网是指用户可以使用手机、笔记本等移动终端通过协议接入互联网，狭义的移动互联网则是指用户使用手机终端通过无线通信的方式访问采用WAP的网站。据统计，目前

① 艾瑞咨询集团.2010年第四季度网络经济核心数据发布.http://www.iresearch.com.cn/coredata/2010q4_4.asp.

我国手机网民数量达 3.03 亿，较 2009 年底增加了 6 930 万人。[①]

当前，移动互联网有三大主体，即运营商、信息服务提供商和终端厂商。电信运营商对现阶段互联网的价值链有很强的控制力。从具体增值业务来看，短信等传统增值业务成长受限，而 WAP 网站未来可能成为一个大的亮点。运营商增值业务的快速发展在某种程度上推动了中国移动互联网的快速发展。

对于终端厂商而言，它相比其他参与者更贴近用户，对用户的整体需求把握得更好，会采用终端加应用的方式，如 IOS、Android 系统手机等。另一种是软件加服务的方式，传统互联网企业就属于此类，如腾讯等，同时也包括新兴的移动互联网企业，如 UCweb 以及 3G 门户等。不同厂商对移动互联网用户的定义稍有差别，主流定义是指在一个季度之内至少登录一次无线互联网的用户。在移动互联网用户需求方面，娱乐休闲仍然是他们的主要需求，这与传统互联网需求的发展演变轨迹是一致的。

第四节　新媒体的传播形态

群体参与、即时记录、平等开放等特征，让新媒体成为方便简单的传播渠道，形成一种自下而上的传播趋势。在新媒体传播背景

---

① 中国互联网络信息中心 . CNNIC 发布第 27 次中国互联网发展状况统计报告. 中国远程教育，2011（2）.

下，传者与受者的界限愈发模糊，传、受双方之间的信息流动不再是单向的了。

大众媒体也逐渐采用新媒体模式，以期借助新媒体的力量传播信息。大众媒体一直担负着信息通道的使命，将经过筛选的信息传递给受众。如今，许多大众媒体都创建了门户网站，如报纸办网、电台办网等，注重倾听受众的需求，迎合受众的喜好，提供满足受众需求的信息。但是信息反馈渠道的缺乏和信息反馈速度的迟缓，仍是大众媒体最致命的弱点。较大众媒体而言，新媒体的传播形式打破了信息反馈迟缓或缺失的壁垒，表现出明显的传播优势（见图 5）。

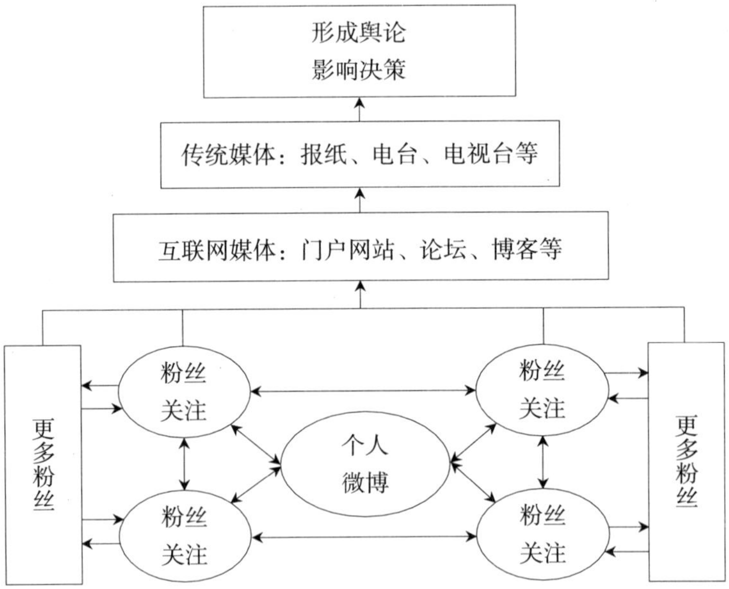

图 5　微博自下而上的传播趋势

在当今无线技术和网络技术不断发展的情况下，在媒介融合不断加深和拓展的形势下，新媒体的传播模式体现了明显的传播优势，实现了传者、媒介、受众之间更为丰富和多样的传播形态，在满足人们进行即时信息传播的同时，也实现了信息的全面传播。由单一的传播路径和平台不断发展为复合型的传播模式，新媒体更好地凸显了自下而上的传播形态的大众化、开放化优势。

新媒体门槛低、大众化、开放性的特点让“人人都是传播者”成为可能，从这个意义上看，每个新媒体用户都成了“记者”。公众意见的形成以及人们对公共事务的关注，可以不再被动地依赖于大众传媒对运载议程的设置，而是通过新媒体平台的交流和沟通，不仅自发地形成了公共事务的关注焦点，而且通过对共同关注事物的交流和讨论，自然地产生了真实的民意，经由新媒体以及其他互联网平台，与传统媒体一起构成一个议程博弈的过程，将最终影响公共事务的决策以及舆论的方向。①

① 刘丽芳．微博客的传播特征与传播效果研究．浙江大学硕士学位论文，2010.

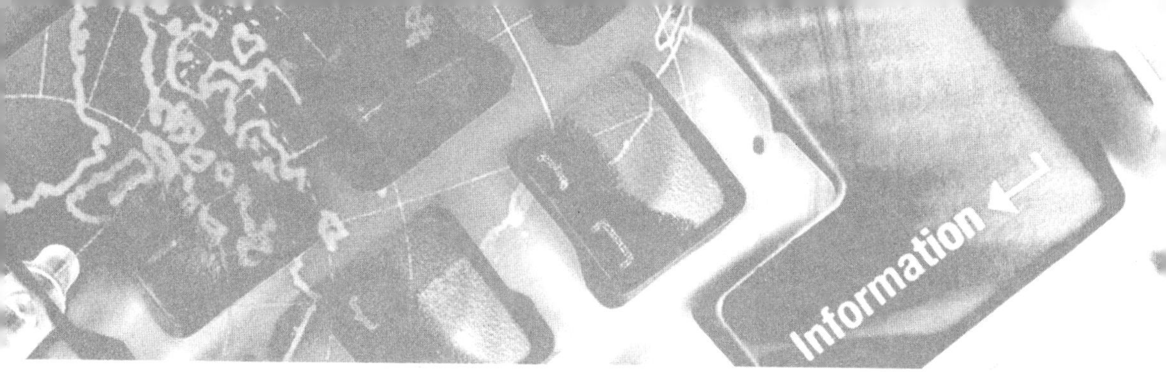

第四章

新媒体对传统媒体的影响

新媒体具有全时性和即时性的特点，有巨大的发展空间。近年来，新媒体对传统媒体的发展提出了新的挑战。新闻传播作为一种传播新闻信息的活动，其价值追求之一就是传播内容的新鲜性和及时性。新媒体报道突发事件不仅速度快，而且资讯多，为传统媒体进行后续的深度报道提供了及时、新鲜的信息源。对于传统媒体而言，从获得信息，到作出反应，再到记者到达现场，这个过程需要一定的时间，往往错过了最佳报道时机。互联网设施的普及和移动网络技术的发展，更是赋予了新媒体随时随地报道新闻的能力。所以说，新媒体的迅猛发展和普及，给传统媒体带来了很大挑战。

第一节　传统媒体发展的挑战

新媒体广告迅猛发展，与此同时，传统媒体的广告总体上呈现出逐年萎缩和下降的趋势。据统计，截至 2010 年底，中国网民总数达到 4.5 亿人，年度增长率为 20.3%。中国互联网的普及率达到 33.9%，已经超过了 30% 的世界平均普及率。2010 年中国新媒体品牌广告投放活跃，新媒体的广告投放价值正在得到越来越多的广告主的认可。而对于传统媒体，广告数量的下降，意味着媒体收入的减少，收支不平衡极可能导致媒体收入大幅减少甚至倒闭的严重后果。

同时，随着网络媒体技术上的不断成熟、网站传播内容的丰富多样化以及传播速度的快捷与实时，越来越多的传统媒体受众开始转往各种互联网站寻找新闻信息。网络媒体作为最广泛、最重要的新媒体，与传统媒体逐渐形成分庭抗礼之势。主流媒体的权威地位受到了挑战。以舆论监督为例，传统媒体远远赶不上网络舆论的轰动效应，新媒体的影响力不容小觑。

网络沟通的渠道也非常便捷，无论是平民百姓话题，还是最新时事资讯、国内国际重大事件等，网络媒体都是传播最快、最直接的平台，也是沟通的良好渠道。网络媒体打通政府与网民的沟通渠道，这就是一个典型例子。2009 年 2 月 28 日，中共中央政治局常委、国务院总理温家宝在中国政府网平台与网友在线交流。访谈从下午 3 时开始，5 时结束。从上午 10 时发出访谈预告消息起至下午 5 时访谈结束，网友共发表提出问题的帖子超过 30 万个。在两个小时的在线交流中，温家宝就社会保障、医疗卫生改革、教育改革和发展、灾区重建、反腐倡廉、缩小收入差距、两岸关系发展、中美关系以及个人工作生活情况等方面回答了网友提出的 29 个问题。温总理说：“我们现在有 4 亿多网民，他们代表社会的一个很大的群体，而且也包含着社会的各个方面，倾听网民的意见，开创了网络问政的新风。我开始就讲，今天我并不紧张，但我很珍惜今天，因为这样的机会不多了，我明年还来。”

一石激起千层浪，不少政府官员随后相继开通与广大网友在线交流的平台。重庆市合川区委书记王作安与网民互动，在线解答群众疑问、倾听群众意见；武汉市市长阮成发走进长江日报报业集团汉网，与网民在线交流民生话题，等等。网络媒体具备的沟通、问政和问责功能已经超出了其他媒体所发挥的作用，网络媒体的舆论效应和推广作用也引起了社会各界的重视。

除此之外，当前广大受众对信息的选择倾向正在逐渐发生改变。新媒体受众的心理需求更突出地表现在新奇心理、逆反心理、求真心理等方面，求知心理表现较明显，其他一些如得益心理方面的反应，表现并不强烈。比起革命年代成长起来的父母亲一辈，我们这一代的孩子比起电视更爱视频网站，比起报纸更爱电子书，比起广播更爱用 iPod 听潮流音乐。

受众选择倾向的改变是传统媒体的一大挑战。资料显示，浏览新闻、搜索引擎、收发邮件成为网民最常使用的三大网络服务，三者的使用率分别为 67.9%、65.7% 和 64.7%。[①] 网络媒体这一种新媒体形式，已成为大众最为广泛使用，并深入渗透其日常生活中的传播媒介。新媒体如手机资讯、网络新闻等，可以随时随地向受众传播信息，这也大大分流了传统媒体的受众。

虽然说，新媒体的发展势如破竹，向传统媒体提出了不少挑战，但是传统媒体仍未倒下。在研究传统媒体是否会被取代之前，请先看看影响媒体选择的四个族群的媒介特征。根据 CTR 的调查显示，媒体受众大致可以分为老年组、校园组、精英组和大众组。其中，老年组包括中老年人、中低学历、离退休或无职业、低收入或无收入人群，他们了解社会的主要媒介是电视和报纸；校园组包括青少年、中高学历、学生或无职业、无收入人群，他们的主要媒介是互

① 中国互联网络信息中心．CNNIC 发布第 17 次中国互联网发展状况统计报告．2006（1）．

联网；精英组包括青壮年、高等学历、中端或高端职业、中等或高等收入人群，他们的主要媒介是互联网和报纸；大众组包括中青年、中高学历、低端或中端职业、低收入或中等收入人群，他们的主要媒介是电视与报纸。[①] 调查结果显示，电视、互联网、报纸是大众群体接触信息的主要渠道。每日关注新闻的受访者高达75%，足见新闻在大众日常生活中的重要地位。新媒体要超越传统媒体，成为一个时代最具影响力的媒体，至少要经过一代人的时间。

由此可见，虽然新媒体的快速发展分流了大量读者和广告客户，使传统媒体面临着巨大的挑战，但这并不意味着传统媒体这种传媒形式会逐渐消亡，正如许多学者指出：“未来的很长时间里，网络媒体和传统媒体将并存。”传统媒体需要快速、便捷地将新闻提供给读者，而新媒体传播的内容需要更具真实性和权威性。而从理论上来讲，传统媒体的传播介质有可能随着信息技术的革新而有所变化。

第二节　传统媒体的网络化发展

传统媒体的网络化主要是指基于互联网技术的发展，以网站为依托，把纸质媒介变为电子媒介，信息依赖于互联网进行传播。传统媒体向新媒体借鉴之处涵盖了技术、渠道、内容、服务、战略、

---

① 中华广告网．快速的经济发展环境下看新传媒发展空间．http：//news.a. com. cn/Infos/news_85629. html.

产业等方面，其最终形态可以是互联网、手机、电视等多媒体终端。

首先，在技术方面，网络传播中运用的一些高新技术正被传统媒体所采用。很多报纸都在互联网上推出了在线阅读电子版本。中国人民广播电台创办了中国广播网，听众可以在其中任意点击广播节目进行收听；省级卫视可以通过网络视频软件实时播放。以中国新闻周刊网为例，其网站于 2010 年初改版上线，其中 qq. com、sinaurl. cn、renren. com、douban. com 中的链入链接都是由平日微博新闻发布时提供的，占到总点击量的 40. 54%。

其次，在内容方面，新媒体的出现有效弥补了旧媒体在内容传播上时效较弱的问题。美国研究表明，70% 的突发性事件信息的传播都始于新媒体。例如 2011 年 3 月发生的日本大地震，消息最先是从微博传开的。又如“两会”期间，政协委员、人大代表纷纷开通微博发出自己的声音，很多“两会”记者也选择用微博进行报道。通过微博，“两会”上的声音在极短时间内就可向外传播，并且在很短时间内就能得到来自民间的反馈。

再次，在服务方面，新媒体为企业服务带来了全新的体验。国外研究机构 Harris Interactive 调研的数据表明，经常在新媒体上发消息或者在社会化网络上更新状态的品牌会更加受到消费者的信任。新媒体的传播特性使其成为一个绝佳的品牌营销工具。

微博就是新媒体作为品牌营销工具的典型案例。戈夫曼的印象管理理论表明，在微博传播中，内容与互动行为都是在试图给受众一个对于这个 ID 的印象。受众对 ID 形成的固定印象，就是媒体机构的品牌形象。[①]

信息在微博上的传播过程也是口碑营销的过程。媒体所发布的每一条新闻都暗含着媒体的价值判断与新闻立场，一条新闻的转发过程，既是消息扩散的过程，也是所发布媒体的价值判断与新闻立场扩散的过程。同时在微博空间中，媒体机构的微博打破了传统渠道的限制，大大缩短了传播过程中反馈的时长，使即时的交流互动成为可能。

最后，在渠道方面，新媒体可作为传统媒体都在新闻广度上的补充。很多传统媒体都在网络上标注了新闻链接，为读者提供了更为详细的背景信息。

第三节　网络媒体的权威化转变

作为应用最广泛、影响最大的新媒体形式之一，网络媒体正逐渐受到社会各界的重视，也出现了不少具有权威影响力的主流专业新闻网站。可以说，网络媒体正在不断整合优化新闻网络资源和结构，打造权威影响力。

策略重点之一是将重大报道做大、做深、做全、做活。例如针对“两会”等重大专题报道，应集中力量制作出规模较大、内容全

① 人民网．传统媒体微博融合现状与发展趋势研究．http：//media. people. com. cn/GB/137684/13577057. html.

面的新闻专题，及时、全面、准确地对活动予以报道。同时报道可贴近网民，提高有效性。二是引导舆论向负责、主动、得体、可信的方向发展。在突发性事件面前，及时、客观地向全社会公开事件的各种信息；通过评论、解释性报道，帮助网民清晰、全面、深刻地了解和认识事件的意义。三是日常报道快速、生动、丰富、具体。网络媒体的信息可以通俗，但不能庸俗。网络媒体把信息的关注点放在老百姓需要关注的问题上，更好地贴近实际、贴近生活、贴近群众，这也是现代社会发展对网络媒体的要求。此外，可通过评论和深度报道帮助网民理解新闻，力求将权威性通过大众化渠道实现。四是舆论监督积极、主动、认真、适度。网络媒体因其传播范围广，影响面大，监督作用可以得到更充分的发挥。

合作并进、取长补短、相互依存已成为新媒体与传统媒体的共同需要。各种媒体各有优势，也各有其不可替代性。新媒体可以刺激传统媒体的发展，两者相互融合，大力推动网络广播、网上视频等的发展。新媒体更要学习传统媒体的专业性与严谨性。可以预测，今后的媒体发展不仅在新、旧媒体间，还将在媒体和跨媒体间实现渗透和融合，从而实现整个媒体产业的全面升级。

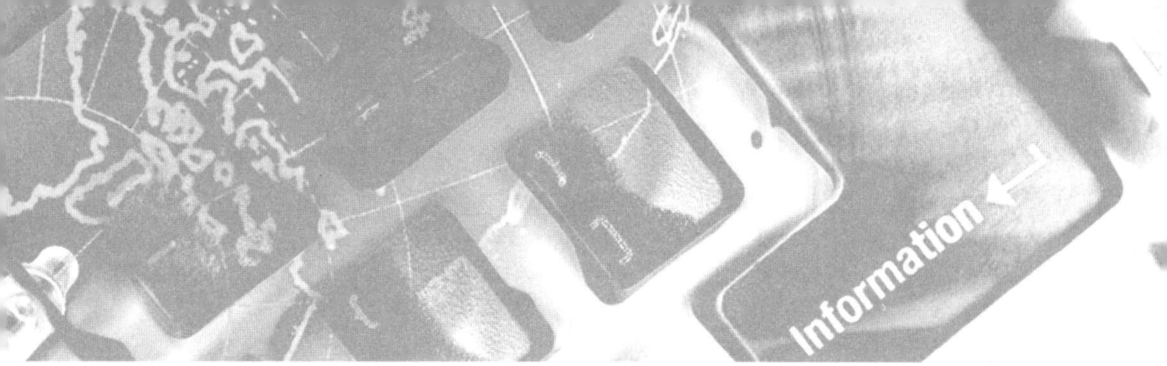

第五章

新媒体环境下的企业形象传播

第一节　企业形象的定义

企业形象（Corporate Image，CI）是指社会公众和企业职工对企业整体的印象和评价。它一方面取决于企业对社会和公众所作的贡献，另一方面取决于职工是否和企业荣辱与共。企业形象是产品形象、职工形象、营销形象等各种具体形象的总和，是公共关系工作的始点和重点，因为公关关系的目的之一就是建立优良的企业形象。①

企业形象是企业内部和外界对企业的整体感觉、印象和认知，是企业状况的综合反映，是企业发展的重要资本。企业要在社会公众中树立良好的形象，首先要靠自己的内功，即为社会提供优良的产品和服务；其次还要靠企业的真实传播，通过各种宣传手段向公众介绍、宣传自己，让公众了解、熟知、加深印象。

公共关系树立企业形象的任务，主要体现在企业的内在精神和外观形象上，通过制订 CI 计划，在“企业理念识别”、“企业行为识别”和“企业视觉识别”三方面有目的、有计划、战略性地塑造出自身所希望的形象，由此提高企业在社会上的知名度，最终赢得最适合的经营环境。

① 齐影．论企业形象．企业活力，1990（6）．

第二节　影响企业形象建设的因素

良好的企业形象是现代企业取得竞争优势的重要手段，是培养公众对企业品牌忠诚度的重要手段，是企业发展的软实力。企业形象需要经过企业强有力的表现，才能够持久地深入消费者的心目中。

影响企业形象建设和传播有三大关键性因素：

首先是环境因素，每个企业都受到大环境与产业环境的影响，因而具有不同的发展特点。大环境包括政治、经济、社会、文化，甚至整个国际因素；而产业环境催生的企业文化则指企业在其所从事的产业中，经常会面对市场、技术、产品、竞争对手，甚至消费者的影响，因而形成不同的企业文化。美国人与中国人的文化习惯存在着相当大的差异，美国公司非常注重培养主动意识：任何人都有权利说话，可以尽情发表各自的意见；在面对一个美国上司时，不用唯命是从，如果你有比上司更好的想法和意见，完全可以直言不讳，对方反倒会佩服你。受这种企业文化的影响，多数美国企业也展现出不同于中国企业的企业形象。

其次是管理层的价值观和信念，经营者对企业的定位，希望打造出一家怎样的企业，如何树立和传播企业在公众心目中的形象，他们的这些价值观和信念会直接影响企业形象传播的策略与执行。IBM 公司提出“最佳服务精神”，把为顾客提供世界上第一流的服务作为最高的价值信念。因此，在 IBM 的企业形象传播中，公司常以一个专业的服务者的形象出现，让客户对企业有较为精准的定位。

最后是传播因素，企业应该用何种手段，在哪个平台向公众展示企业形象，是企业形象能否准确、深入地在消费者心中留下印象的关键环节。企业的公关团队，就是围绕企业形象的传播和维护制订计划、选择媒体组合、执行线上传播和线下宣传活动。权威媒体的传播具有较强的公信力，而口耳相传的口碑传播对于企业形象建设的影响力却是最直接和最快速的。新媒体正是口碑传播的有力平台，其传播是建立在人际关系网络基础上的，所以，在新媒体平台开展企业形象传播对改善和维护企业形象有较大的帮助。2011 年母亲节前后，舒肤佳在新浪官方微博上发布了一段视频，视频里展示了一群广西小孩写给妈妈的信，信中的他们将妈妈称为“山”、“海”、“保护神”，其中有几个镜头是小孩用舒肤佳产品洗手。其实这是一个植入性广告，不过是一个非常“软”的广告，很多网友看到视频中偶尔出现的舒肤佳产品并不反感，反而为洋溢其中的母子亲情所打动。

第三节　“使用与满足”在新媒体传播中的应用

著名传播学者麦克卢汉曾说过：“真正有意义、有价值的‘信息’，不是各个时代的传播内容，而是这个时代所使用的传播工具的性质及其所开创的可能性以及带来的社会变革。”近年来，互联网和数字技术迅速发展，媒介形态和传播环境也日新月异，各种新媒体层出不穷。每一种新媒体的出现，其功能和用途是最容易引起人们的关注的，人们为什么使用它，在什么情况下会使用它，使用它能够得到什么，这些是人们关注的焦点。

新媒体作为一个可以孕育“自媒体”的平台，确实会推动有思想和表达能力的人通过片段化的表述来契合快速、碎片化的生活方式。经典的“使用与满足”理论把能否满足受众的需求作为传播的动力和目的，这对于满足受众需求、发挥受众在传播中的能动作用，有着极其重大的意义。

一、“使用与满足”理论回顾

“使用与满足”研究把受众成员看作有特定“需求”的个人，把他们的媒介接触活动看作基于特定需求动机来“使用”媒介，从而使这些需求得到“满足”的过程。

1974 年，E. 卡茨等人在著作《个人对大众传播的使用》中首先提出该理论，他将媒介接触行为概括为“社会因素 + 心理因素—媒介期待—媒介接触—需求满足”的因果连锁过程，提出了“使用与满足”过程的基本模式。十年以后，菲利普·帕尔姆格林对“使用与满足”的理论研究作了比较系统的梳理，从满足与媒体消费、满足的社会和心理根源、满足和传媒效果、对满足的寻求和获得、从消费者的期望值来研究对传媒的利用和满足、传媒受众的行为这六个方面来考察关于“使用与满足”理论的各种研究发现。

“使用与满足”理论指出，受众个人的媒介接触过程不仅受到其性格、兴趣等个人因素的制约，而且还要受到其所处的社会条件的制约，包括个人的社会化环境，现实的政治、经济、文化背景、社会地位、价值观、群体归属关系和人际关系等影响。从 20 世纪 70 年代开始，就“使用与满足”的类型研究而言，学者们开始把使用类型、社会的需求和社会心理的需求联系在一起。最为著名的就是麦奎尔、布鲁姆勒和布朗的研究，他们把受众看电视的动机归纳为以下四个方面：①转移和消遣（逃避或感情释放）；②人际关系；③个人身份（探索现实，强化既有价值观）；④环境守望（获得信息和新闻）。如果说此前的研究主要是从传播者或传媒的角度出发，考察传媒是否达到了预期目的或者对受众产生了什么影响，那么“使用与满足”研究则是从受众的角度出发，通过分析受众的媒介接触动机以及这些接触满足了他们的何种需求，来考察大众传播给人们带来的心理和行为上的效用。

二、“使用与满足”理论在新媒体传播背景下的演变

“使用与满足”理论把受众与媒介的接触看作基于自己的需求而对信息内容进行筛选的过程，这种选择具有某种自主性，有助于纠正“受众绝对被动”的观点。

（1）新媒体时代的媒介种类十分丰富。新媒体在国内外能够快速发展，表明新的媒介形式获得了众多受众的认可，有良好的媒介

认知，其自身的功能和传播特性符合受众的需求。网民愿意通过新媒体获取信息、表达情绪、讲述经历、分享故事、评论新闻时事等，网民使用新媒体的需求和形式是多种多样的，网民对接触新媒体的时间和空间选择上具有明显的主动权。

（2）尽管新媒体是个开放的、平等的平台，但如果其信息不能引起受众的兴趣，不能激发粉丝们评论和转发的欲望，其传播效果就还是有限的。在新媒体发布信息并形成舆论需要精心的策划和经营，一条简单的信息并不容易引起大量粉丝的关注，也很难形成“转发流”和“评论流”，如果没有得到有效的关注，它将会被更多的信息覆盖甚至被遗忘。所以说，在新媒体空间，受众需求会对传播效果产生制约作用。

“使用与满足”理论揭示了受众媒介使用形态的多样性，强调了受众需求对传播效果的制约，指出了大众传播对受众的一些基本效用和影响，这些在新媒体传播背景下依然适用。但是“使用与满足”理论过于强调个人和心理因素，行为主义和功能主义色彩较浓，而且脱离内容的生产过程只是单纯考察受众的媒介接触过程，不能解释受众与传媒的社会关系，也不能全面反映受众作为社会实践主体和权利主体的能动性。

在新媒体平台，网民使用新媒体的目的不仅是获取信息，更重要的是生产信息、传播信息，这点在企业用户身上尤其突出。在新媒体平台，信息的创新扩散过程是通过关系散播的，要实现有效传播就需要发现意见领袖，从网络中找到中心节点。因此企业用户希望通过新媒体来放大企业的声音，争取在其专业领域成为意见领袖，形成有利于企业发展的网络舆论。因此，“使用与满足”理论在新媒体传播背景下，不要过分强调“受众”的地位，可以用“媒介使用者”替代，并对“媒介使用者”的传播需求进行补充。

第四节　新媒体对企业形象传播的影响

随着以互联网为代表的新媒体的迅猛发展，企业所处的社会舆论环境也发生了变化，新媒体的出现对企业形象宣传提出了挑战，同时也为它们创造了新的机遇。

一、企业信息传播“三快”特点

一是信息产生快。在“自媒体”时代，新媒体用户可以随时、随地、随需地发布信息。2011 年 3 月 10 日，云南德宏盈江县大寨村李家梁附近发生 5.8 级地震后，中国移动第一时间组织通信保障工作，并通过新浪的官方微博实时发出最新动态，引起了众多粉丝关注。

3 月 10 日 17：28　@中国移动：云南德宏地震发生后，电力中断，但是中国移动抢险救灾人员通过油机发电、提供卫星电话等手段保障灾区通信。目前，盈江县县城移动通信依然保持畅通，为抢险救灾提供了有力保障。

3月10日18：06 @中国移动：设在灾区现场的服务点，提供免费“报平安电话”。(微博附上了图片，展示工作人员现场工作的环境和状态)

3月10日18：14 @中国移动：灾区“报平安电话”已经开通！(微博附上了图片，展示受灾群众在现场打电话报平安的场面)

3月10日18：29 @中国移动：云南德宏地震中，中国移动盈江县公司经理受伤，目前梁河县公司经理在现场指挥应急通信保障。中国移动救灾人员克服电力中断导致基站退服的困难，利用柴油机发电，全力保障通信畅通。在县城设立服务点提供免费“报平安电话”、手机充电等多项移动通信服务。

通过以上微博我们可以看到，在短短一小时内，中国移动通过新媒体平台向公众发出四条抗震救灾的信息，结合配图将通信保障工作现场的情况和进度实时向公众交代，同时还将受伤的经理依然坚守工作岗位指挥应急通信保障工作的感人事迹向粉丝传播。然而，在传统媒体时代，企业编写一条新闻稿，经过内部流程审定，推送给媒体，再由传统媒体选择、编辑、排版后刊发，至少需要一个工作日，即使在门户网站上刊发，也需要经过记者、网站编辑的修改，这消耗的时间也会比企业自主发表微博的时间要长得多。

二是信息传播快。新媒体的网状互动传播模式促使信息在网民间快速传播。新媒体具有转发、评论功能，微博上的信息随着粉丝的转发和评论，再由粉丝的粉丝们转发、评论，将可能按照“几何级”的传播速度进行扩散，传播更是可以超越时间和地域的限制。

截至 2011 年 9 月，中国移动在其新浪官方微博的粉丝数量已达到 74 万。所以，中国移动在官方微博上发布的每条信息至少有 74 万人看到，经过粉丝的转发和评论，看到这条信息的受众会更多。虽然传统媒体，如主流报纸、电视台等的发行量可能更多，传播面可能更广，但是同样一条企业抗震救灾的信息，如果在传统媒体上刊发，该信息的传播覆盖人数未必能够达到 74 万。

三是信息变化快。由于传播速度快，一些重要或者敏感的信息，尤其是敏感的信息，在传播过程中会被加入受众个人的理解和情绪继续扩散传播，因此信息在微博平台上的传播可能会出现夸大或者缩小的“失真”情况。舆论的变化让企业难以把握，这对他们来说无疑是一个重大的挑战。

二、企业形象危机处理“三大”难点

一是信息回应风险大。新媒体是一个展示个性的平台，也是需要长期经营维护的平台。对于企业而言，开官方微博容易，但要把它经营好就有相当大的难度。发布正面信息，提升企业形象是企业开通官方微博的动因之一。然而，新媒体是一把双刃剑，它既能够快速、高效地把企业“想说”的信息传递出去，同时，它也是粉丝、客户对企业“要说”的信息的集散地，能够把网民对企业的看法、不满以及投诉等聚集起来，并且与所有粉丝共享。所以说，开通一个官方微博如同开辟了一个服务窗口，而这个窗口的透明度、公开性和互动性比其他服务渠道更强。

新媒体是一个互动平台，对于粉丝的评论需要适当地给出回复，才能在这个传播平台中掌握话语权，与粉丝保持良好的关系、拉近距离。对于企业而言，及时恰当地回复网民的咨询和投诉至关重要，否则会逐渐失去话语权，沦落为沉默的博主。然而在新媒体上，所有粉丝都能看到企业回复的态度、处理的方式等，稍有偏颇或者失当都会引起网民围观，甚至群起而攻之，敏感信息传播达到一定数量则容易引起传统媒体的介入，这将有可能酿成新的媒体危机。所以说，新媒体环境下处理企业形象危机的风险比较大，如果处理不当，容易出现失控现象，甚至可能衍生出其他危机事件。

二是敏感信息影响大。这是由新媒体的互动传播特性决定的，新媒体平台上的信息可能在网络上以“几何级”递增的速度传播，而且信息的传播不受地域和时间的局限。新媒体具有“互粉”、“转发”以及“评论”功能，每一个新媒体用户都可以向自己的“粉丝群”传播信息和表达意见，而粉丝们通过对所认同的思想言论和意见进行转发，实现“信息流”和“意见流”的裂变式传播，新媒体的评论功能则使得这一事件在极短的时间内迅速形成了“评论流”，这种裂变式的传播方式使新媒体空间迅速成为一张不断扩张的关系网络，这张网络使得个体信息和意见广泛传播，形成新媒体空间中的优势意见，并最终形成社会影响力。[①]

---

① 侯金亮．微博传播的“双刃剑效应”．青年记者，2010（11）．

人际关系是推动新媒体快速发展的重要因素之一，新媒体用户在新媒体空间中编织、扩张着自己的人际关系网。GE 公司的研究表明，对于好消息，一个人知道后平均会告诉他身边的 6 个人；而坏消息平均来说，会被传播给身边的 23 个人。[①] 由此看来，对于坏消息，人们更愿意去传播，更有兴趣与身边的人分享。新媒体的传播力有目共睹，而敏感信息在新媒体空间的传播优势尤其突出，危机传播的纵深性最为明显，一石可以激起千层浪。例如在唐骏“造假门”事件爆发之后，众多网友就在新媒体上不断深挖“盖楼”，将唐骏的生平经历来了个“大起底”，使事件远远超出方舟子对学历本身的质疑这个层面，而变成公众对一代“快男 CEO”人格品行的否定。

三是敏感信息应对难度大。在以新媒体为代表的“自媒体”时代，公众已经不是“媒介万能说”下的盲从之众，相反，现在人人都可能是发布者，人人都有话语权。消息只要在新媒体上发布，就像脱缰之马，再难收回。在新媒体、论坛等社会化媒体平台，UGC（User Generated Content，用户创造内容）和 CGM（Consumer Generated Media，受众自主媒体）让社会化媒体的出版门槛彻底消失了，人人都可以在新媒体上发布、分享信息，并积极地进行互动交流。但也正是因为门槛低，给危机的潜入提供了机会。[②]

在新媒体空间里，由于发布者的匿名性，任何一个人都可以是危机的触发器，任何一个评论都可能是危机的诱发因素，企业也许

---

① 刘东明．新媒体营销十大操作模型．广告大观，2011（1）．

② 游昌乔．社会化媒体营销——当危机出现之后．广告大观，2011（3）．

能够影响某一个媒体，但是无法控制每一个人。对于企业而言，那些的确存在明显错误的行为一旦在新媒体上被传播放大，企业危机公关处理就将处于被动状态。因此，企业敏感信息一旦在新媒体上被传播，就不可能应用处置传统媒体危机的手段去干预，从源头消除敏感信息的时代将成为过去。这对于企业形象维护工作和媒体公关从业者而言，无疑是巨大的挑战，在处理过程中需要及时诚信、诚实、诚恳地面对，后期的企业形象重塑也将耗费巨大的精力。

第五节　微博与企业形象传播

一、微博的概念

微博是微型博客（Micro Blog）的简称，是在 Web 2.0 时代新兴的一种 SNS（Social Network Site）形式，是一种集信息传播、获取、分享和互动于一体的新型平台，用户可以随时随地通过手机、即时通信工具（如 QQ、MSN 等）、网页等方式更新博文，组建个人社区，关注目标对象，获取外界信息。[①]

微博是新媒体时代的标志性媒介之一，微博的出现使得媒体平民化、大众化，代表了一种全新的个人表达方式。微博不仅开创了

① 胡会娜，李杰．从需求理论看微博对受众需求的满足．新闻世界，2010 (8).

人际传播的新模式，还开辟了信息传播和企业形象建设的新的网络阵地。

在国外，类似 Twitter 这样的微博网站已经成为许多企业的营销工具，其经济价值正在逐步显现。面对微博这一新载体带来的机遇和挑战，众多企业正在思考如何在移动互联网时代“淘金”，努力尝试通过微博这个低成本的、草根的媒介拉近与客户的距离，树立良好的企业形象品牌，进而营造有利于企业发展的舆论环境。

二、微博的发展与传播

微博最早的形式是美国埃文·威廉姆斯（Evan Williams）的 obvious 公司在 2006 年创建推出的“Twitter”。2007 年之后，中国国内也陆续出现了微博客网站，在界面和操作方式上与 Twitter 有类似之处。2009 年 8 月，新浪推出“微博”内测版，成为国内第一家提供微博服务的门户网站。随后，国内各大网站纷纷推出微博，微博用户的数量也呈现出了爆炸式增长。以新浪微博为例，新浪副总编辑孟波表示，自 2009 年 8 月 14 日微博正式上线内测之后，“用户数以每周 50% 的速度增长”。直到 2010 年底，新浪微博的注册用户达到了 1 亿。艾瑞咨询分析认为，微博作为用户交流传播信息的平台，其用户规模快速增长的主要原因在于它既能满足用户表达自我的需求，又能维持用户之间的社交圈，具有博客和 SNS 的双重功能；同时，微博具有操作简单、更新及时的特点，符合当下主流网民快速的生活节奏的要求，中国未来的微博用户将进一步增长。

自从 Twitter 面世以来，各种形式的微博如雨后春笋，悄然走进了人们的生活。2010 年发生的所有大事，微博都参与其中，而且始终活跃在第一线。微博之所以能够瞬间走红，是它独特的传播特性使然。

首先，微博传播主体具有草根性、平等性。在以微博为代表的新媒体时代，传播者与受众之间、受众与受众之间平等的互动交流已经成为互联网络媒体快速发展的驱动力。传播的双向性使得传播的权力泛化，任何人都拥有传播的权力，传播者的权威性则被削弱。同时，微博以“多点对多点”的传播方式使得其每个节点链接形成了一个网状结构的传播体系，它的传播速度和传播广度都能媲美以前任何一种传播媒介。

在微博传播中，有一股自然形成的力量会对信息进行筛选和过滤，这股力量会使那些真正能够吸引受众的信息得以保留下来。从传播者的角度来看，被大多数传播者认同并传播的信息，最终将占据主导地位，得以保留和流传；而只有少数传播者认同的信息，因保持沉默而被遗忘直至最后消失。从受众的角度来看，它又符合“使用与满足”理论，因为在网络传播中，传者和受者的角色定位是模糊的，传者同时也是受者，能得到传者的认同同样意味着这些传者在自己身为受者的时候已经认同了这些信息，也就是说这些信息能够愉悦受众，而不能愉悦受众的信息则无法在信息的海洋中得以持续发布。因为这种力量起到了“把关”作用中最关键的过滤功能，因此我们可以将这种力量看作一种具有“把关”作用的“类把关人”。

可以说，在微博的传播模式中，每个群众既是受众、传播者，同时也是信息传播的“把关人”之一，在信息选择过程中享有充分的自主权，这就是微博传播主体的草根性和平等性的突出体现。

其次，微博传播内容具有简洁性、现场性。微博文本最显著的特点就是短小精悍，内容限定在140或163字以内，简短的内容使得微博在“快餐时代”里脱颖而出，相反，长篇大论的信息则不易于传播。同时，传播主体可以上传视频、图片和声音，将亲眼目睹的“第一现场”配合文字说明，予以生动、真实、及时的传播。这有利于形成“人人都是记者”的传播环境，为新闻媒体的信息来源提供了有力补充。关于2009年2月9日中央电视台新大楼发生火灾的事件，中国的微博网站饭否等就对其进行了实时报道，在央视新大楼附近的网友可以即时将失火事件的文字描述、图片上传到Twitter、饭否等微博，全国各地的其他网友也通过微博第一时间知道了央视新大楼失火的信息。还有2011年3月11日发生的日本大地震，消息最先也是从微博传开的。

再次，微博传播形式具有开放性、便捷性。微博是将最新信息以较短的文字发送、传递给大众的一种方式，可以用短信、3G、网页等多种方式发布，适合即时消息的瞬间传播扩散。能够随时、随地、随需发布信息是微博“受宠”的主要原因之一，微博用户可以即时关注、发布、转发自己感兴趣的信息。微博兼具了博客的媒体功能、自秀功能和即时通信的交流功能及沟通功能，传播主体与接受主体的身份完全模糊，多向、自由、共享信息的自由度达到空前。

此外，微博传播模式还具有裂变式、共享性。微博平台提供开放的API接口，极大地方便了用户通过手机、计算机、IM客户端等方式接入平台发布微博或使用第三方应用等。用户可以通过手机发送短信及彩信、MSN或直接登录网站等各种传播手段来即时记录点滴瞬间。这为微博的裂变式传播提供了硬件条件。以新浪微博为例，用户可以对自己感兴趣的用户“加关注”，成为这个用户的“粉丝”。那么这个用户发布的所有信息，其“粉丝”都可以随时随地地接收，不受任何门槛的限制。所以说，只要你愿意，可以关注所有用户的最新动态。同理，如果别人对你感兴趣，通过“加关注”就可以随时了解或转发你发布的信息与自己的朋友圈子共享。在这种规则下，用户通过“关注”和“被关注”形成一个以自我为中心的信息传播圈子，而信息传播圈子之间又有可能存在交叉和重复的领域，这样信息传播就很可能发生裂变，可以被无限地传播放大，实现极速传播。

微博正在革命性地改变着媒介生态。除了上面提到的“关注”和“转发”功能外，微博还具有“回复”、“评论”和“发送私信”等功能，这些功能为用户之间的信息交互和共享提供了便捷的渠道。例如新浪微博的“微博广场”中就设置了“一小时话题榜”，个中罗列了一小时内的热门话题供更多的用户来讨论和发表意见。加之微博本身就具有SNS网站的某些功能，无形之中也为微博用户提供了一个拓展人际关系网络的平台，同时也提供了更多的互动机会。

三、微博对企业形象传播的推动

当前，微博已经被越来越多的企业和商家应用在互联网营销中。不管是传统行业还是互联网企业，都在尝试着用这种新媒体方式进行推广和宣传，尤其是那些走在前沿的企业和商家，早已开始在使用微博传播上进行大规模投入。

微博传播速度快、分众化、互动式和成本低的特点能够迎合企业展示企业文化、宣传核心理念、争取客户认同和树立企业形象的需求。更主要的是，微博的发展如火如荼，用户规模正在不断壮大，利用微博开展形象传播能够大大提高企业信息的到达率，同时也可以通过客户在微博上的行为观察其对企业的态度。具体而言，企业使用微博开展形象传播以满足自身发展需求的具体表现可概括为以下四个方面。

（1）满足维护“人际”关系需求，拉近企业与利益相关方的距离。企业要实现可持续发展的条件之一是处理好企业与利益相关方的关系，以中国移动为例，该企业发展涉及的利益相关方有政府、股东、竞争对手、客户、媒体和员工。其中，企业形象传播的重点就是通过全面客观地展示和提升公司形象，提高公司认知度和美誉度；针对突发事件，及时、准确地发布真实信息，释疑解惑，最大限度地减小不良影响，维护公司形象，处理好企业与客户、企业与媒体之间的关系，为企业发展营造良好的舆论环境。

在微博这个开放、互动的平台上，企业与客户、企业与媒体可以平等地交换意见、以心交心，让企业与客户做朋友成为可能。在微博上，企业除了发布企业信息、营销信息之外，与粉丝之间的互动也是必不可少的，例如打招呼、回复粉丝的提问等。

(2) 满足凸显“个人”身份之需，树立企业优秀形象。微博可以成为企业展示“个人”形象的平台。基于微博传播的及时性和互动功能，企业通过与粉丝之间长期的关系维护和互动交流，可以在粉丝心目中树立起独特的企业形象。

因为微博内容大多数浅显易懂、简明扼要，容易被广大受众理解、接受和转发。企业将企业文化、企业理念中难以被理解的部分融入日常交流的语言之中，通过传播实际事例来让客户更加容易了解和接受企业文化，能够达到“润物细无声”的传播效果。

例如，招商银行的官方微博展示的是贴心型的理财专家形象，在微博中分享银行内部工作场景，拉近与客户之间的距离；在假期前为网友发布出行指南，吸引网友的关注，在无形中提高了企业品牌的知名度；日常维护中积极与网友互动，聊时政、聊心情、聊时尚、聊理财等，扮演一个朋友的角色，在聊天过程中把企业的观点和文化融入其中。

4月1日22：59 @招商银行：人最好不要错过两样东西，最后一班回家的车和一个深爱你的人。晚安，朋友！

4月2日12：42 @招商银行：2011年第二季度投资风险提示：长期来看，本轮建立的资产价格飙涨将增大全球金融市场的流动性风险。个人建议：①增配美股、港股，股市修正挂钩波动率产品；②美元趋势看贬，谨防日元贬值；③继续持有黄金白银波段操作。

又如，中国移动官方微博树立的是主动承担企业社会责任的移动信息专家形象。在微博信息中以实际事例让客户理解其“正德厚生、臻于至善”的企业核心文化。

3月23日14：29　@中国移动：今天早晨8时3分左右，四川阿坝藏族羌族自治州茂县发生4.0级地震，当地震感明显。截至目前，该县移动通信情况正常。为茂县人民祈福！

4月2日19：02　@中国移动：近期，我公司发现，有客户的手机感染病毒后会自动发送以领取话费、礼品等为名诱导他人拨打12590IVR（语音收费）电话的短信，致使产生话费损失。中国移动在此提醒客户一方面要加强防范，如发现手机感染病毒应尽快联系手机售后进行处理；另一方面也请不要轻易相信中奖、扣费等信息。[①]

（3）满足守望环境需求，掌握客户对企业的态度和关注点的变化。微博门槛低、草根性、大众化等特点让每个人都拥有一个“喇叭”，造成了“人人都是传播者”的现象。网民可以通过微博相对

① 引自中国移动新浪官方微博. http：//weibo. com/2001627641.

自由地表达自己的经历和感受。

同时，企业可以借助微博观察客户的态度。①可以通过浏览客户的微博，分析一段时间内客户对企业行为、企业信息比较集中的关注点。企业可以在微博平台上搜集网民对企业的评价、对企业产品、业务关注的焦点和投诉的热点，也可以掌握客户感兴趣的事件，及时挖掘客户需求。②利用微博平台抛出话题，引起关注和讨论。对于企业而言，粉丝是企业在微博中的重要资源。企业微博的粉丝越多，说明该企业的影响力和网民关注度越高，当粉丝数量达到几十万或者上百万的时候，则企业微博账号本身就是一个媒体，企业在微博上的一举一动都会引起数十万甚至数百万人的围观，都会对这些粉丝产生影响。通过抛出话题、营造讨论的氛围，实时了解粉丝的反映，对他们的评价和观点进行分析，能够为企业作出正确决策提供有利的参考。

（4）满足低成本高效运营需求，降低企业形象传播成本。在传统媒体时期，企业间接地通过媒介传播信息，即使在门户网站上开辟互动专栏，信息传递也要经过第三方即门户网站的过滤，才能反馈到企业。自从有了微博平台，众多企业都在尝鲜，开展企业形象宣传和微博营销（见图6）。这是一种革命性的突破，对于企业而言，只要能够吸引足够多的粉丝，不管是打广告、做产品推广，还是宣传企业核心价值理念，微博都是低成本高效益的传播渠道之一，符合企业运营的要求。但与此同时，微博传播，或者说微博营销还没有形成成熟的理论体系和实践模式，对于其传播效果，也没有一套科学的方法来考量，所以企业或者商家都是在摸着石头过河。

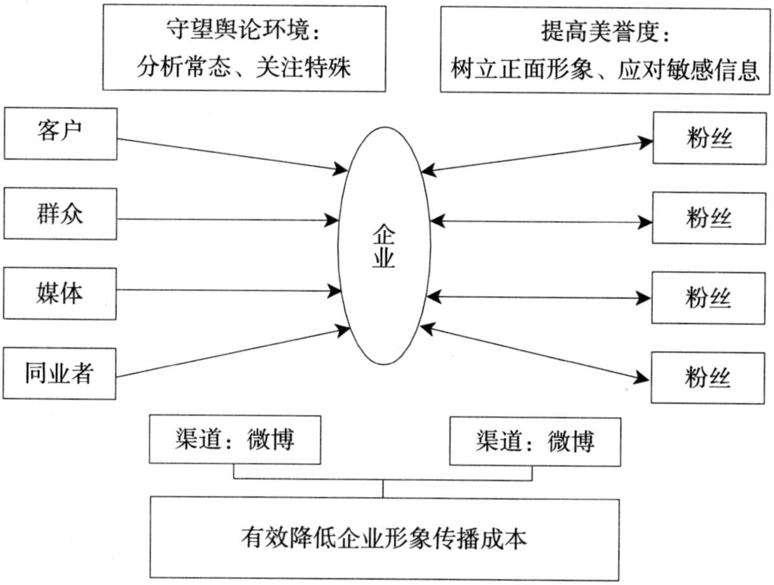

图6　企业使用微博开展企业形象传播的需求分析图

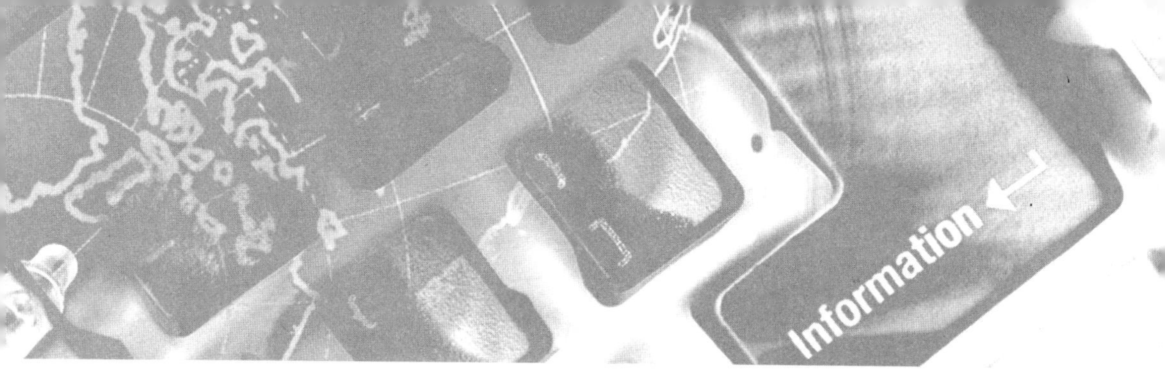

第六章

企业如何善用新媒体

第一节　探讨善用新媒体

在一般情况下，受众会认为越熟悉的媒介越可信。可是我们熟悉的新闻媒介就是可信的吗？CTR 的调查结果显示，对于中央人民广播电台、中央电视台、《人民日报》等全国性权威媒体，虽然在日常生活中不直接接触或者了解不深入，但由于其在全国的知名度高，大部分参与调查者都认为其是最可信的媒介；而对于博客、杂志等日常接触率和使用率比较高的媒介，由于其信息源不具有权威性，因此被评判为不可信的媒介。当然，不同年龄段的个体对媒介的信任度差异显著。据统计，25～34 岁的中青年人对媒介整体的信任度打分最低。

社会中坚群体不信任媒体新闻？新媒体还是没有“老三样”可靠？说服高端人群靠什么？在这一系列的问题下，企业善用媒体，建立良好的企业形象就显得尤为重要。一般来讲，叫好又叫座的企业信息首先是能够提升品牌好感度的新闻报道，如公益慈善类、创新类、品牌或企业文化类。其次是能够引起消费意向的新闻报道，如消费者体验好评类、时尚类、第三方或权威认证类等。对于企业来说，深入了解消费者的新闻媒介接触习惯，找寻更有效、更直接的传播渠道至关重要。

现今，在新媒体发展日趋迅速的大环境下，越来越多的企业利用微博等新媒体开展传播与营销相结合的推广活动，而越来越多的人也开始接受这种新型的企业宣传、营销方式。微博传播在与粉丝互动的同时达到推广效果，“润物细无声”的“湿营销”成了法宝。[1]

由国外调查机构对300名公关、广告及其他相关行业的从业人员进行的调查结果显示，新媒体的企业传播活动已经被很多人接受并采纳。其中，博客、网络视频、社交网站和播客在被调查者中的使用率都超过了50%。现在，在新浪等网站的微博上，类似的汽车企业、IT企业、房产中介注册的微博随处可见，这些企业微博主要通过一些优惠活动吸引消费者，并以此为平台发布官方信息。利用微博获得广告效应，已成为不少企业推广品牌的一条捷径。下面分享几个经典案例：

案例1：欧莱雅以微博传播美丽

欧莱雅通过不断在企业网站上推出形象广告和明星代言，与公众形成互动；在欧莱雅的品牌微博上，人们很容易发现这个美妆品牌对待互联网的老练：品牌首先将自己设定为一个愿意关爱他人的女性形象，与网民进行沟通，消除人际隔膜，再通过“欧莱雅风尚媒体大奖”和“世博有奖知识问答”，制造热点来吸引网民的眼球。与此同时，品牌还正在考虑逐渐把集团重要信息以微博的形式告知网友。

欧莱雅通过向门户网站发布集团的新闻稿，以及发表一些企业

① 王丽平．河北部分企业“试水”微博营销．河北日报，2011-05-25.

的专题报道的方式，主动向客户发布企业的信息。如今，欧莱雅的消费者接受信息的渠道、方式和习惯已经与以往有非常大的不同，不再满足于单向的信息接受方式，而是希望能够与企业进行互动。所以，考虑到消费者接触媒体的行为习惯的变化，欧莱雅也越来越多地通过微博互动的方式邀请一些人士参与企业对话。

通过微博，欧莱雅以一个关爱他人的女性形象出现，随时与网友沟通，用热点吸引网友眼球，口碑传播越来越好。欧莱雅选择了四种网络媒体，包括新浪门户网，正好2009年底新浪开通微博，欧莱雅便很好地利用新浪微博实现了与网友的互动；另外，欧莱雅选择了BBS和U卡，因为这是女性用户较多的网站，而欧莱雅非常受女性的关注，所以选择了这两个网站的论坛与网友进行互动；2009年欧莱雅又选择了空中网，利用空中网在手机上直播欧莱雅的颁奖典礼，通过这样的方式能够让明星汇集的欧莱雅颁奖典礼被更多的网友了解。据欧莱雅统计，其在颁奖典礼一个月之前开设了新浪微博，短短一个月时间便拥有了4 300多名粉丝，其微博上的45 000多条回复都是新浪微博用户原创的。

此外，欧莱雅独家赞助新浪女性频道，通过这样的合作，把欧莱雅集团旗下所有的品牌都整合在一个频道里面，进行的不只是产品和信息的沟通，还有企业集团形象的沟通，经过七年的合作，欧莱雅取得了非常好的效果。

凭借网民之间的口碑传播，浏览欧莱雅微博的人数每天都在增加，有时一天能增加20%～30%，欧莱雅微博粉丝现已超过98 509人，可谓通过微博迅速提高了知名度。

案例2：用情感书写社会责任　多美滋的“爱心”营销

多美滋在公关宣传上，高度重视新媒体的传播作用，并结合新媒体的合作资源，通过网络资源的互动与整合，将线上与线下活动有机结合，充分利用了新媒体快捷、广泛、深入的传播影响力，取得了显著的公关宣传效果和广告营销效益。

多美滋于2010年6月18日隆重推出了“多美滋慈善嘉年华大型主题活动”，并充分利用了官方网站、知名网站、微博等新媒体进行组织和宣传，新媒体的宣传力量也在活动中发挥得淋漓尽致，企业的美誉度和公益形象得以极大程度的提升。多美滋围绕“爱心点燃希望，健康孕育未来”的主题展开了一系列慈善公益活动，并在活动的宣传和组织上巧妙地利用了新媒体，充分利用了网络渠道资源。

多美滋充分利用官方网站的权威地位和品牌影响力进行宣传和号召。通过网络报名、网络参选、网络评比的线上“全行动”，多美滋吸引了更多的妈妈和宝宝参与。同时，通过网上互动和现场活动相结合的方式，多美滋为0~6岁的宝宝提供了一个展示爱心与拥抱健康的大舞台。多美滋在企业社会责任官网上进行“爱心大使家庭”评选以及“宝宝慈善表演团”的招募活动，利用网站进行品牌活动宣传和推广。

作为慈善嘉年华的一个亮点，“爱心大使家庭”评选也是通过网络征集形式报名的。在网络媒体与宝宝、家庭的互动中，网络新媒体扮演着传播媒介、展示平台的角色，官网通过信息的有效覆盖，实现了多美滋品牌信息接近消费者、引起消费者注意的效果。官网还对活动奖励形式进行大力宣传，获胜者将获得“多美滋爱心大使家庭”及“多美滋爱心荣誉家庭”的称号和证书，“多美滋爱心大使家庭”获得者不仅能获得1万元的爱心实践基金，更有机会参与多美滋组织的公益活动，助力推高活动人气。

除了线上的大力宣传外，主题网站还紧密结合线下活动，组织邀请参赛家庭参加慈善嘉年华主题活动的现场决选。与“多美滋爱心大使家庭”评选活动同时开展的还有“宝宝慈善表演团”成员的选拔，凡年龄在2~6岁的有一定艺术特长的宝宝均可在“多美滋嘉年华”活动网站报名。同时，网站还及时公布了活动的奖励形式，多美滋将以参加者的名义进行捐款，鼓舞宝宝和他们的父母一起参与到感受爱心和传播爱心的过程中。官网信息的有效传达和受众的有效关注，实现了多美滋品牌营销传播活动对宝宝和家庭这一消费受众的教育和引导，从而促使妈妈和宝宝对多美滋品牌产生有效的认知。

与此同时，多美滋还通过官网，以参与活动的宝宝的名义为中国妇女发展基金会“母亲健康快车”项目筹集善款，资助更多需要帮助的妈妈和宝宝。嘉年华活动还设计了“天使爱心承诺信”环节，为广大父母提供一个亲情倾诉、沟通、融合的平台，引发网友的情感共鸣。网友通过广告进入活动官方网，写下自己对宝宝未来的期望和承诺。活动页面浏览量超过了1 500万次，收集到超过400万次的爱心承诺，审核通过了1 287封邮件。多项子活动在官网同时进行，达到了互推共进的效果，网络宣传起到了一呼众应的良好造势作用，掀起了活动的高潮。

多美滋还充分利用知名网站和微博等新媒体进行宣传造势和品牌推广。网易集合首页、邮箱、新闻、财经、公益、女人、亲子等频道的广告资源，还在网易公益、亲子等平台进行软文宣传，形成了“多美滋嘉年华活动”的密集型广告宣传，提高了活动的知名度，扩大了活动的影响力。网站还设置了一键分享功能，客户可随时将嘉年华活动情况分享到新浪微博、人人网、开心网、豆瓣网等，也可以通过QQ空间等其他社交网站继续传播，多种新媒体渠道多管齐下，增加了客户资源，扩大了活动覆盖人群范围，赢得了客户的好评。

案例3：“趣喝美汁源”的趣味营销

2010年美汁源果粒橙推出了以“丰富果粒够乐趣”为主题的网络整合营销系列活动，携手视频网站土豆网发起号称2010年最火爆的“趣喝美汁源，一笑赢千金”互联网大型娱乐真人秀活动。活动以网友自己决定赛程的创意互动参与方式吸引了超过1 600万人的关注。

根据中国互联网络信息中心（CNNIC）2010年发布的《第27次互联网发展状况统计报告》，截至2010年6月，我国网民数量已超过4亿，互联网普及率进一步提高。网民规模如此庞大，网络营销在国内被媒体和企业大量应用，自然会取得显著的公关推广效益。土豆网“趣喝美汁源，一笑赢千金”活动，又为互联网整合营销树立了一个新的标杆。

在活动形式上，土豆网打破以往网络媒体只是在线上举办活动的惯例，将线下赛区和网络赛区结合，将网络媒介的力量延伸至线下，显示了高效的组织能力。活动分成土豆网络赛区和北京、上海、沈阳、深圳4个线下赛区，分别通过上传视频和线下选拔的方式进行比赛。网络赛区二强和每个线下赛区的冠军齐聚上海，进行全国总决赛。土豆网对总决赛进行了全程互动直播，并为观看直播的网友设计了全程的实时网络互动。在用户参与方式上大胆创新，一改传统的网民投票方式，全程由网友手中的鼠标决定比赛进程。在2个小时的网络直播过程中，网民登录土豆网，就可直接连线现场，不仅可以通过投票来决定选手顺序，还能成为为选手出题的考官，更可通过秒杀、支持等方式，决定“1 000克黄金大奖”的最终得主。个性化营销让消费者产生“被关注”的心理满足感，更易于引发互动与购买行动。

“趣喝美汁源，一笑赢千金”活动网络整合营销取胜的秘诀在于高效巧妙地运用网络整合营销的4I原则：Interesting（趣味原则）、Interests（利益原则）、Interaction（互动原则）、Individuality（个性原则）。

其中，趣味原则是指互联网广告、营销必须是娱乐性、趣味性的，这样才能吸引和争取到更大的消费群体。制造趣味性、娱乐性的资讯，将营销信息巧妙地涵盖于趣味性的内容当中，是吸引消费者群体的有效方式。成功的网络营销，离不开趣味性和娱乐性。利益原则是指为目标受众提供利益，网络营销中提供给消费者的“利益”之外延更加广泛。消费者抗拒广告，但消费者需要其需求产品的相关信息与资讯。网络营销化身成为消费者提供资讯的过程，面对免费利益，消费者的接受度自然会大增。互动原则是指充分利用网络的交互性，利用网络的特性与消费者交流，才能扬长避短，让网络营销的功能发挥至极致。将消费者作为一个主体，发起其与品牌之间平等互动的交流，可以为营销带来独特的竞争优势。个性原则是指个性化的网络营销，让消费者产生“焦点关注”的心理满足感，个性化营销更能投消费者所好，更容易引发互动与购买行动。

在网络媒体中，数字流的特征让这一切变得简单、便利，细分出一个小群体，甚至使一对一行销成为可能。“趣喝美汁源，一笑赢千金”的成功很好地诠释了土豆网对于网络整合营销的把控能力。

在短短两个月的时间内，“趣喝美汁源，一笑赢千金”取得了惊人的成绩，丝毫不输给热门电视真人秀栏目。第三方数据公司艾瑞咨询的研究报告显示，“趣喝美汁源，一笑赢千金”在网民中的知名度达到31.9%，与同期的电视真人秀节目相比，仅次于通过多渠道宣传，在湖南卫视和青海卫视套播的“快乐男声”和“花儿朵朵”，领先于同期播出的其他电视真人秀节目。

案例4：戴尔巧用Twitter拓展营销宣传效应

2007年，戴尔创建了自己的Twitter账号“delloutlet”，开始与用户对话，回复每一个用户的提问，了解用户的需求，在Twitter上不断更新发布针对Twitter用户的独家促销优惠，并向每一个提问的用户赠送优惠券，经过一年的时间，戴尔利用Twitter赢得超过300万美元的利润。戴尔在Twitter账号上的粉丝有150多万，与之有关的营销收入达700万美元。由此足见博客、网络站点和其他社会网络为戴尔提供了具有巨大潜力的产品和服务营销渠道。戴尔用迎合受众的方法进行微博营销，能够促进销售，搞好客户服务工作，在客户沟通上步步升级，提升品牌知名度，甚至能将潜在客户转化为实际购买者。

戴尔在Twitter上十分引人注目，与戴尔品牌名称相关的新闻、社区网站、优惠推广和国际博客都非常活跃。除此之外，戴尔各部门，如企业宣传团队和销售团队，都有大批代表活跃在Twitter上。戴尔提倡的是与用户对话交流，在互动和交流中体现专业性，拉近与用户的距离。戴尔的做法是建立不同定位的Twitter，来和全球各地的各类用户进行交流，满足他们的需求。这样的分类包括戴尔打折信息、戴尔突发新闻、戴尔最新资讯、戴尔业务信息等。戴尔的战略是借助Twitter与用户建立更好的关系，并最终提升销量。戴尔公司表示，Twitter的营销活动为公司带来了价值超过650万美元的微型计算机、配件和软件销售额。

戴尔网络部门副总裁马尼什·梅塔（Manish Mehta）表示，三个月内，戴尔Twitter账号的页面用户数量就增长了23%，总数已经达到150万人。目前戴尔有100多名员工负责通过35个不同渠道发送Twitter。梅塔表示，戴尔将Twitter视为与顾客互动最重要的渠道之一，而且这个渠道的数量正在迅速增长。戴尔是以订单为基础的笔记本电脑商，2006年开始面临IBM、苹果等企业的挑战，问题迭起，包括定位不清、价格不够优惠等，于是戴尔以社交网站为网络营销重点，计划以此来提升公司的计算机销量。

“戴尔直通车”是戴尔公司的官方中文博客，创办于2007年3月。因为它的出名，参与的人增多，许多人称它为“戴博”。仅2007年至2008年期间，戴博共发表了428篇文章，平均每个月19篇。这些文章来自戴尔公司管理层、工程技术部、客户关怀部，乃至销售团队的人员，他们以网络博客博主的身份展示戴尔的产品和服务，分享其工作与生活体验，倾听客户的反馈。同时，戴博也欢迎客户提出讨论话题、留言或者用其他方式与戴博互动交流。戴博有34个栏目，基本是围绕客户设立的，包括中小企业、客户体验、客户服务、支持家庭用户等。戴博也设计了企业文化、公司战略和业绩、产品等专栏。为了突出重点，还有最多阅览、最多回复、建议话题等推荐。在社区里，客户发帖踊跃，浏览量上万甚至达6万的主贴比比皆是。同时，戴博在新浪和搜狐都建立了分博客。

通过微博，戴尔建立起一个强大的社区，并一直在不断完善企业社会化媒体营销的战略，目前戴尔通过Twitter向美国、巴西、墨西哥和日本等12个国家的用户进行推广营销活动，还通过Facebook、MySpace和YouTube进行了营销活动。戴博不断用新的技术和平台改进自己的博客体系，不断贴近客户，宣传着公司的文化。戴尔把博客看成一个战略决策，戴博之所以能够在企业博客中做得如此出色，是与戴尔对博客的重视分不开的。

新媒体正在崛起，其给舆论环境带来的改变有目共睹。在新媒体时代，企业管理者要尽快转变思维观念，在兼顾传统媒体传播渠道的同时，也要利用新媒体更灵活、更深入地开展企业形象传播，才能达到事半功倍的效果。在这点上，通信运营商的企业形象传播活动也是走在前列的。以中国移动为例，2000 年是中国移动成立的元年，当时新媒体种类相对单一，门户网站是企业利用互联网手段开展企业形象宣传的主要阵地，向传统媒体、网络媒体发新闻通稿是惯用的方法，而网站大多转发传统媒体的新闻，内容、风格也与传统媒体保持一致，并未能充分发挥新媒体的传播优势。所以说，当时用新媒体进行企业形象传播是一种尝试。

2005 年以后，我国新媒体快速发展，论坛、博客等多种形态的新媒体层出不穷，传统媒体也意识到了新媒体对传统媒体发展的影响。报纸、电台、电视台纷纷开设网站，作为自身发展的一个有益补充。在这个阶段，中国移动尝试与网站等新媒体开展合作。例如，中国移动在广东与人民网合作开展“5·17 电信日”专题宣传，与新浪合作开展移动互联网专题宣传等。除了与门户网站合作，中国移动还尝试与论坛合作，开展更灵活的企业形象传播。为拉近与网民的距离，开拓网上服务渠道，中国移动在广东与天涯论坛合作，以“寻找漂亮的话务员 MM”为切入点发帖，吸引了大量网民关注中国移动的客户服务工作，移动客服人员通过回复帖子与网民进行互动，掀开了中国移动电话客服的神秘面纱。

2010 年，我国的微博快速发展。中国移动及其部分省公司纷纷开通官方微博，发挥微博的传播优势，及时向网民推送企业新闻信息。同时，中国移动也更加注重网民对企业的评价，将微博作为观察舆论动态的重要渠道，主动收集并分析微博用户对企业的看法和评论，将其作为优化公司管理的重要参考。

第二节 探索以微博提升企业形象的传播模式

微博已经成为当下中国乃至全世界最热门的互联网应用之一。它在很大程度上改变了原来传播事件的方式和个人传播的影响力。一些原本需要经过媒体报道，通过线上线下活动推广宣传才能达到的效果，现在通过微博，企业、个人的传播就可以做到。

“使用与满足”理论认为，受众成员是有着特定“需求”的个人，他们“使用”媒介是基于特定的需求动机，从而使得这些需求得到“满足”。在微博传播环境下，“传者”与“受者”的区分逐渐模糊，企业既可以通过微博获取信息，也可以利用微博平台传播企业的声音。

随着微博用户的迅速增长，它作为用户表达、分享以及获取信息的平台的角色也正在慢慢发生转变，这种具有信息传递的及时性与互动性优势的产品开始得到众多企业的广泛认可。微博最初的实践者 Twitter，如今已是叱咤风云的社交网站，它拥有众多铁杆粉丝，甚至连美国总统大选都视其为不可或缺的利器。Twitter 的黏性被越来越多的商家所关注，Twitter 也因此开发了“品牌频道”，企业可以在 Twitter 上围绕品牌构建页面，同时组建多种品牌小组，聚集同一品牌的粉丝。同样的道理，企业可以通过微博平台向用户发送各种最新动态信息，积极回应手机用户的申诉，及时解释客户所面临的各种问题，努力传播企业形象。企业开设官方微博、设置议题、使用多种

传播手段、建立多种应对措施并及时对措施进行效果评估等，构建了以微博为平台的应对舆论、建构企业形象的传播模式。（见图7）

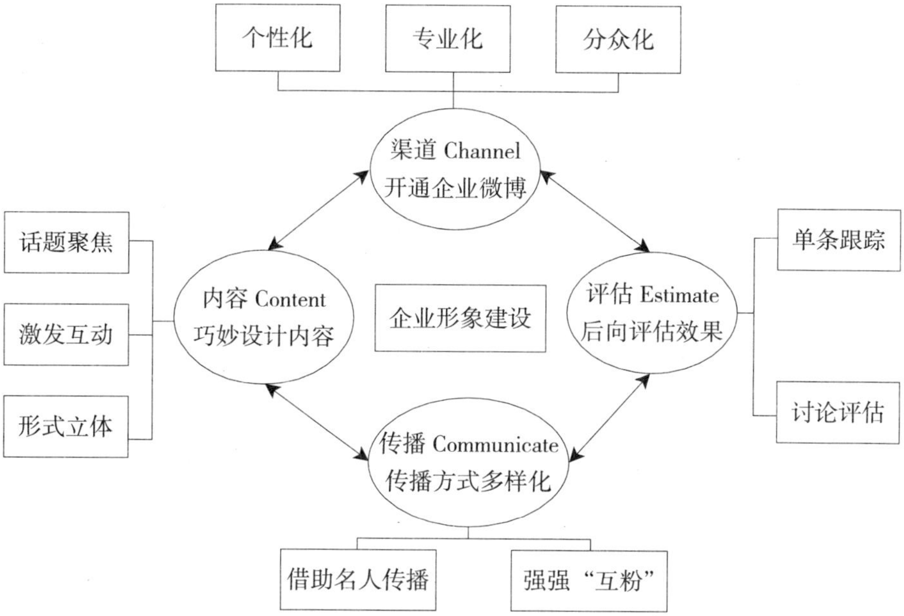

图7　使用微博推动企业形象建设的3C. E传播模式

如图7所示，传播渠道、传播内容、传播方式、传播效果评估都围绕着企业形象做文章，每一个环节中又有对应的影响因素，这些环节与相关因素是影响客户“使用与满足”心理和建构良好企业形象的关键。

1. 建立传播渠道（Channel）

建立平等互动的传播渠道，拉近与公众、媒体的距离。在社会主义市场经济环境下，许多企业对于客户而言是一座高不可攀的大山。所以，改善企业形象最迫切的需要就是拉近与公众的距离，可以利用微博平台增加亲和力，与公众平等地沟通。此外，企业可以将微博作为企业新闻对外发布渠道的有益补充，让客户聆听并接受企业的声音，有利于放大企业的正面舆论，改善企业发展的舆论环境。

国外研究机构 Harris Interactive 调研的结果表明，经常在微博上发布消息或者在社会化网络上更新状态的品牌更能获得消费者的信任。戈夫曼的印象管理理论表明，在微博传播中，传播内容与互动行为在试图给受众一个对这个 ID 的印象，受众对 ID 形成的固定印象，就是媒体机构的品牌形象。同时在微博空间中，打破了传统渠道的限制，大大缩短了传播过程中反馈的时长，使即时的交流互动成为可能。国内外的经验无不证明，微博上人性化的账号更容易受到用户的广泛关注。基于此，企业可为其官方微博设定拟人化的特征，这种特征可以是时尚的，可以是追求卓越、追求完美的，也可以是有责任感和正义感的。

2. 设计微博内容（Content）

巧妙设计微博内容，实现“润物细无声”的传播效果。微博拟人化的存在，不是因为微博账户后面的管理者，而是因为企业在这个微博平台中与用户交流的目的，是为了成为用户的朋友，争取得到用户的认同。人与人的交流不能离开有价值和有共同兴奋点的信息，所以，企业微博的内容要把握客户所需，激发用户互动沟通的欲望，用内容来吸引客户参与传播，保持用户对企业微博的热诚度，为用户获得信息的过程创造便利与愉悦感。

微博使得企业成为推销自己的行动者，企业的一言一行可以通过微博直接向公众传播。企业微博在被赋予了个性后，信息内容的编辑和策划就显得非常重要，既不能偏离企业的宗旨和主题，也不能过于形式化。信息在微博上的传播过程也是口碑营销的过程。粉丝所转发的每一条信息都暗含着其对该信息价值的判断与个人的立场，当一条信息被转发时，这既是信息扩散的过程，也是粉丝个人的价值判断与立场扩散的过程。因此，企业微博需要一个团队来运营和维护，公司的战略、市场、公关、运营分析、客户服务等部门应该互相协调，互通资讯，一旦企业微博上的资讯没有及时更新，就会使得微博内容趋于空洞，没有新意，导致粉丝，即传播资源流失。

（1）企业微博制造话题，针对不同微博平台的用户特征设计相应的互动内容。例如“星巴克中国”微博上一个重要的内容是星巴克近期在中国开展的互动活动及其新品推出的信息，包括“星巴克迎来金秋咖啡季”、“10 月 18 日亚运期待，星巴克有奖问答”、“沉醉咖啡体验北京站招募中”等。星巴克非常擅长客户关系维护之道，从而引发大量粉丝的转发和评论。目前“星巴克中国”的粉丝数达到 229 581 人，几乎每一条微博都有 100 多条评论。

（2）企业发起互动活动，发挥微博“主人翁”传播效应。站在客户的立场说出客户心中所想或是传递客户期望了解的信息。触动客户的心弦是最有成效但也是最难的，这不仅需要了解客户的特征、洞察客户心态、了解社会焦点和热点话题，还需要有技巧地表达，用智慧的方式打动客户。与此同时，企业可以充分发挥网络媒体的视听功能，通过与微博网站策划开展互动公关活动，利用活动视频、音频等向客户立体地展示公司开展的公益活动、创新惠民服务等内容。通过邀请、鼓励网民关注和参与活动，亲历过程，见证大事，将网民从“受众”转变为“传播者”，取得主动传播的效果。例如，在2010年9月28日，国内知名装饰公司元洲装饰在新浪微博上发表了一条名为“元洲找国庆，网友抢沙发，盖微博第一楼”的微博信息，元洲装饰在设计微博内容时，将微博拟人化，力求与客户进行个性化的沟通。“我喜欢在你身上爬来爬去，喜欢抚摸你的每寸肌肤，喜欢躺在你的怀抱里，我一刻也离不开你，我爱你——sofa，沙发！专职抢沙发机不可失啦。”诸如此类的语言让粉丝倍感亲切，也能够有效激发网民的兴趣点，进而对微博进行转发和评论。截至2010年10月7日，该微博已经被转发10 119次，共有102 211人对此发表了评论，从而创造了中国家装微博历史上“第一高楼”的神话。

（3）微博内容立体化，提高企业信息可信度。微博平台除了可以传递文字信息以外，还可以直观地传递图片、视频和声音等形式的信息。微博是植入式传播的理想载体之一。例如，路易威登的一款时尚新包、兰蔻的最新化妆品、宝马的一款新车，通过一张照片、一个话题、一个故事，加上代言人的人气，立即可以引起成千上万名粉丝的关注和讨论。因此，企业在微博平台发布信息时，可以尝试应用多元化的信息形式，使得企业微博内容更加丰富，大大提升可信度和网民对企业信息的感知度。

3. 扩大传播（Communicate）形式

形式多样化，扩大企业形象宣传效应。企业微博被赋予个性，设计能够吸引网民的内容，这些是发挥微博优势，提升企业形象的前提。企业信息只有在微博上被快速地、几何级地传播，才能形成有效舆论，才能达到企业形象传播的目的。在微博这一平台，粉丝是重要资源，而有代表性的、有影响力的粉丝则是微博传播的稀缺资源，谁能正确运用这些资源为企业宣传助威呐喊，谁就能够事半功倍。事实上，客户获取的信息来源于多种媒体和渠道。多方面为客户创造获取信息的渠道，并引导其从中选择信息主渠道，就愈能接近“使用与满足”的效果。

（1）邀请意见领袖、知名人士关注并转发企业微博内容。微博的功能与特性决定了通过粉丝转发信息便能够让博主的信息不断扩散传播的优势。如果企业能够邀请知名人士、意见领袖与企业微博合作，并对企业发布的信息、活动和行为进行点评，发挥名人效应，让名人的粉丝也能够获取信息，并且受到名人的积极观点引导，企业的信息就更容易被理解和接受了。

（2）与微博网站合作，将企业微博内容作为明星微博推荐。在“自媒体”时代人人都是传播者，每时每刻都有大量的信息在产生并被快速传播。在信息的海洋中，如何能够让企业微博的信息脱颖而出，而且不会被迅速淹没，这离不开与媒体的合作。在主流微博网站页面中，把企业的微博推荐至显著位置，或者把企业微博发起的互动活动、热点话题作为置顶栏目，就能够吸引更多的网民关注，有效扩大企业形象传播范围。

4. 后向评估（Estimate）效果

开展后向评估，及时调整企业形象传播策略。微博的开放性让传播者的态度、行为更加透明。企业可以跟踪某一条微博引起的关注，对粉丝的评论、转发进行归类分析，进而调整传播策略。同时，企业也可以通过开放式的讨论，针对如线下活动、企业行为等新闻事件开展评估互动，吸引粉丝关注并对该新闻事件进行评估，掌握受众对该企业行为的态度，为下阶段开展更加深入的传播提供参考。

总而言之，在微博传播环境下，企业根据自身的发展需要，可以放大自己的声音，掌握客户群体的舆论动态。除此之外，通过微博平台满足客户需求，与客户平等交流，进一步拉近与客户的距离，有利于改善企业形象。

“使用与满足”理论还指出，受众接触传媒是为了满足他们的特定需求，这些需求具有一定的社会和个人心理的依据。媒介实际接触行为的发生需要两个条件，一是媒介接触的可能性，二是媒介印象。我们发现，企业微博的粉丝是企业形象传播的直接受众，客户可以通过微博满足自身的需要。网民在对于微博的功能、特性以及传播效果有良好认知的基础上，选择通过微博获取知识、表达自我和沟通交流。企业微博主要可满足受众以下三种需求：

（1）满足受众的社会需求。客户通过关注企业的微博，了解同样作为该企业的客户的想法和经历。所以说，具有某种相同属性的群体会聚集在这个微博圈子里，客户能够通过微博的信息交互寻找群体和社会归属感。

（2）满足受众自我实现的需求。企业微博是消费者释放和发泄“不满”的场所。客户希望通过公开的、开放的微博平台将自己的不满和看法表达出来，并能够获取其他客户的认同和支持，争取得到企业对自己意见的重视，进而实现自我的需求。

（3）满足受众的尊重需求。微博采用 UGC（User Generated Content）形式，用户可以自由表达自己的观点，受众在信息传播中能够享有主动权，改变了过去只能被动接受的状况，有利于提升自我尊重的需求。同时，在微博传播背景下，企业与客户的地位是平等的，企业要拉近与客户的距离，就应该放低身段，与客户平等交流，倾听客户的声音。所以，在这样的传播过程中，受众能明显感觉到被关注和尊重。

第三节　探索新媒体传播新规律

当前，我们已经进入“大众麦克风”时代。在这个时代，微博、说客、QQ 等新兴媒介的“分众传播”既不是传统媒体的线性传播（One To One），也不是网络媒体的网络传播（One To N），而是一种裂变传播（One To N To N）。这种传播形态的传播速度是几何级的，远远高于之前任何一种媒介产品的传播速度和广度。

近年来，不少企业正在积极探索在新媒体传播环境下进行宣传推广的新途径、新方法，努力体现时代性，把握规律性，提升创造性，增强实效性。结合自身工作经历，笔者尝试归纳出在新媒体环境下开展企业形象传播的几种方法。

一是细分群体优于大海撒网。重视个性化群体的特征以及每个受众的个性和心理需求，是发挥传播效应的一个基本前提。在新媒体传播环境下，将受众先细分、再归聚。“分”是从模糊而庞大的社会大众的总体中，分出清晰的有个性特征的小群体；“聚”则是将有着同一价值追求、生活模式与文化特征的众多个体，以某种传播手段和渠道整合到一起。

二是顺势而为优于生搬硬造。在企业形象宣传效果上，软文要优于硬广告，活动要优于软文。但无论是软文还是活动，都比不上“借力打力”的效果。企业在形象宣传中，可多开展互动活动，通过邀请网民共同参与互动，亲身经历活动过程，见证大事，引导网民从“受众”角色转变为“传播者”角色。与此同时，要关注用户需求，借助移动应用技术，实时实地地与受众互动，形成“主人翁”效应。同时可以创新利用新媒体传播手段，增加博客、SNS、IM、搜索引擎以及新型的个性化传播渠道在企业形象传播中的运用频率，以感染受众，达到“病毒效应”。

三是持续传播优于零敲碎打。系列宣传能够把所有传播信息凝聚在一个关键词上，形成品牌效应。

四是整合传播优于单兵作战。将主题相同，平台相似的内容整合到一起，能够使企业形象传播的效果最大化。

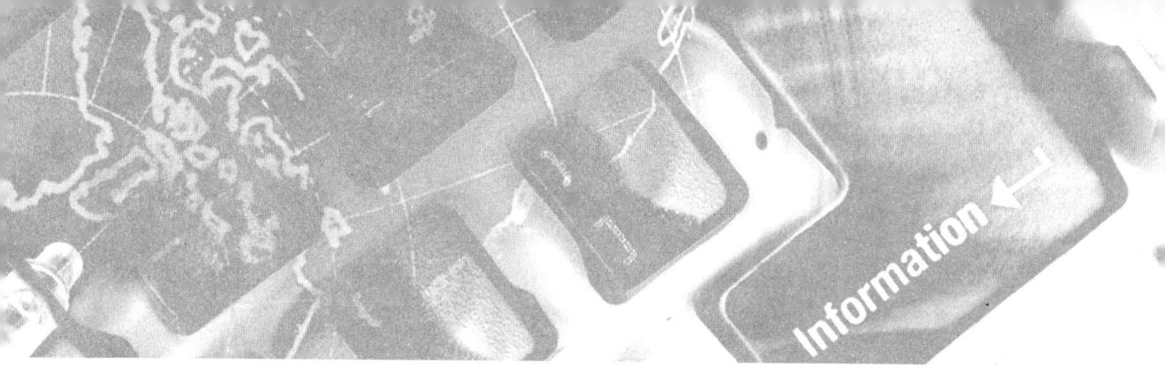

第七章

企业如何应对摇摆的舆情

第一节　新媒体环境下敏感舆论的形成

在新媒体环境下，无论网络“水军”的存在是否合理，抑或“五毛党”是否能左右舆论，随着越来越多企业的品牌运营频频触碰公众舆论的红色警戒线，敏感消息经由各类即时通信平台不胫而走，企业危机一触即发，可以说网络媒体已经成为企业危机的策源地，这使企业的形象宣传面临着新的挑战。

目前受众普遍认可互联网“多源、开放、快捷、匿名”的特性，虽然真实性常常要打问号，但其传播门槛最低。利用“转载”等病毒式传播，敏感信息的传播效果能够在短时间内呈几何级数增加；随之而来的大篇幅、详尽集中的传统媒体分析报道会吸引更多受众关注，并主动去挖掘、了解事件的来龙去脉。

观察与分析认为，在新的舆论环境下，敏感信息的传播一般遵循如下路径。首先，敏感事件在网站、微博、论坛等新媒体上开始传播。紧接着，本地的传统媒体介入并加速了事件的传播，在事件的传播过程中各种衍生信息随之发酵、演变。接下来，更多网络媒体的转载促成了新的话题扩散。最后，一旦中央电视台等主流媒体跟进，必定将敏感事件推至舆论的巅峰，而全国范围内的各类媒体跟进与持续报道则形成了话题传播的高潮（见图8）。概而言之，敏感信息的传播形成了NT交替（N：New Media；T：Traditional Media）传播模式。NT交替传播模式是指信息产生于新媒体，由新媒体和传统媒体交替地、递进式地推进，信息传递呈几何式递增，迅速成为全民焦点的传播模式。

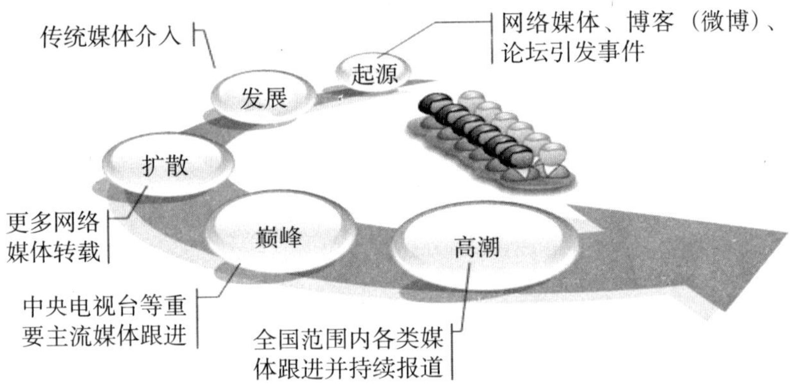

图 8　新媒体环境下敏感信息的传播示意图

案例 1：“诽谤门”

2010 年 10 月 19 日，一篇有关“蒙牛是圣元奶粉事件背后黑手”的帖子在多个网上论坛中盛传。据帖子爆料，包括“圣元奶粉性早熟”事件、伊利“QQ 星”及多家婴幼儿鱼油含 EPA 会导致性早熟等事件都是其竞争对手蒙牛公司策划的新闻，目前多名涉案人员已移交公安机关处理。不久，又有以“伊利才是黑手”为主题的帖子在网上流传，使这一事件进一步变得扑朔迷离。

10 月 20 日，新华社“中国网事”记者从内蒙古呼和浩特市公安局经济技术开发区分局获悉：网上有关伊利“QQ 星”儿童奶遭遇恶意攻击一事，经公安机关侦查，系一起有预谋的商业诽谤案。案件已基本告破，涉案犯罪嫌疑人已被警方控制。警方证实蒙牛

“未来星”品牌经理安勇与北京博思智奇公关顾问有限公司共同商讨炒作打击竞争对手——伊利“QQ星”儿童奶的相关事宜，并制订网络攻击方案。这些网络攻击手段包括：寻找网络写手撰写攻击性的帖子，并在近百个论坛上发帖炒作，煽动网民情绪；联系点击量较高的个人博客博主撰写文章发表在博客上，并进行“推荐到门户网站首页”、“置顶”、“加精”等操作，以扩大影响力；以儿童家长、孕妇等身份拟定问答稿件，“控诉”伊利等，涉及费用总计28万余元。

10月22日凌晨，蒙牛集团发布《蒙牛集团关于“安勇事件”及诽谤与被诽谤的声明》。蒙牛表示：“安勇对伊利及消费者造成的不良影响，我们深表歉意。”声明称，“安勇原是伊利集团的员工，2005年才来到蒙牛，他在做损害兄弟企业的事时，没有向任何人请示，擅自而为，其中缘由，我们也正在了解。目前，安勇已被呼和浩特市公安机关批捕，并已被蒙牛集团除名”。

在蒙牛、伊利“诽谤门”中，“网络黑社会”一词被广泛谈论，这起事件已不再是两大行业巨头的明争暗斗，而是由Web 2.0时代品牌营销瓶颈引发的现代企业恶性竞争的真实写照。

案例2：“3Q大战”

说起新媒体环境下的网络事件，“3Q大战”无疑让人印象深刻。3Q大战源头可追溯至2010年9月，腾讯强制将旧版QQ软件管理和QQ医生升级为QQ电脑管家，QQ用户在安装过程中未收到任何告知信息。此举直指360安全卫士。

随后在9月27日，360公开向腾讯宣战，发布隐私保护器，专门曝光窥私软件，且最初仅支持腾讯即时通信QQ软件。约一个月后，360再次猛烈出击，于10月29日发布360扣扣保镖软件，除了包含QQ体检、查杀QQ盗号木马等功能，还可阻止QQ强行静默扫描用户硬盘，并过滤QQ广告、屏蔽QQ迷你首页等，直指腾讯公司的核心利益。

战争于11月3日晚正式进入白热化，腾讯作出一个“艰难的决定”，称在双方纠纷解决之前，腾讯将在装有360软件的电脑上停止运行QQ软件；并提出要求称，除非360方面停止“对QQ的安全功能进行恶意污蔑”，否则双方将没有和解的可能。双方董事长开始在各大媒体平台展开激烈争辩。11月6日晚，一向低调沉默的马化腾更新微博，透露金山全部游戏惨遭360拦截，WebQQ再次遭到360恶意嵌套。周鸿祎随即针对马化腾发布公开信“周鸿祎：不得不说的话”，称腾讯此前抄袭360安全卫士并强制推广的行为，是欲置360于死地，这种“明目张胆地欺负人”的做法，使得360“必须得反抗”。

双方“激战”不断升级，国家监管部门开始介入和干预。随后工业和信息化部对腾讯公司和奇虎公司给予通报批评。至此，从2010年9月持续至12月的“3Q战火”渐至平息。双方领导人发布反思言论，周鸿祎称“3Q之争不是两家恩怨，而是创新之争”，表示“金山和QQ都是浮云”；马化腾则称“教训很大”，并抛出腾讯转型时间表，大谈“开放和分享”。而在司法方面，腾讯于10月14日宣布起诉360不正当竞争，此案于11月3日正式立案，原定11月

25日开庭审理，后因“360一方申请延期举证”推迟至12月14日首次开庭，法院要求360删除对腾讯公司的所有不当言论，3天内给予法院书面答复。随后，法院作出宣判，判令北京奇虎、奇智软件以及三际无限三被告停止发行使用涉案360隐私保护器，删除相关网站涉案侵权内容，在360网站首页及《法制日报》公开致歉，并赔偿原告损失40万元。

第二节　以“三诚”原则应对摇摆的舆情

随着新媒体的发展，企业发展的舆论环境日益复杂。新的媒体环境要求我们转变思路，以受众为中心，变单向宣传为互动传播，变强力封堵为巧妙引导，调动媒体热情，推动整合策划，联动多方力量，互动呼应时势，撬动社会感知。面对摇摆不定的舆论环境，企业更应该遵循“三诚”原则，即诚意、诚恳、诚实原则。

近年来，中国移动在拉动内需，抗击特大自然灾害，服务奥运会、世博会、亚运会，以及在保障通信方面发挥了重要作用；在拉动产业链发展、增加就业、履行社会责任等方面起到了表率作用。在百度搜索中输入“中国移动”，能够搜到1亿条以上的网页篇目，远远领先于其他行业的央企。这个数字不仅说明了中国移动备受关注，也暗示了中国移动一直游走在舆论的风口浪尖。[①]

---

① 陈鹏，刘淑敏．中国移动如何冲破舆论阴霾．中国电信业，2011（1）．

中国移动是国有企业改革的样板，也是蜚声海内外的著名电信运营商，同时中国移动还承担着关乎国家未来通信自主创新的重任，其一举一动都受到公众的高度关注。这为企业的发展创造了广阔的空间，但同时也带来了不少的挑战。

从2009年中央电视台“3·15”晚会曝光的垃圾短信事件、2010年的计费门事件，到网络论坛流传广泛的校园营销大战……近年来，中国移动在快速发展的过程中引发了一些不利于企业形象的敏感舆论。由于互联网、手机等新兴媒体具有覆盖广、传播快、更新及时的特点，很多话题一旦被关注并形成热点，就会很快占据各大网站的显著位置，而其他媒体的推波助澜，更会形成排山倒海之势，可以在短期内升级形成舆论风暴。例如，2009年11月中央电视台《焦点访谈》报道了通过手机上网浏览黄色网站的新闻后，第二天，各大互联网媒体便对其进行了详细的跟踪报道，并最终形成了“手机涉黄风波”，而且持续了很长时间。

此外，如今以互联网、3G手机等为代表的新兴媒体对当代社会的影响之深、范围之广已远远超过传统媒体，博客、论坛等都十分活跃，有极强的社会动员力。而由于中国移动拥有较高的知名度，与其相关的敏感信息会不胫而走，传播速度较其他信息更快。例如，2010年7月4日，中央电视台综合频道《新闻20分》栏目曝光了乱收费问题后，中国移动“计费门”事件便在互联网上迅速传播，成为受众普遍关注的事件，各大网站纷纷转载，还有众多业内专家进行了分析评论，两周时间在谷歌达到876 000条搜索结果。

为及时应对敏感事件，中国移动在广东尝试探索新媒体沟通及敏感事件应对机制。一是深入认识中国移动的国有企业地位所造成的特殊性。根据用户“使用与满足”的心理动因，中国移动之所以成为舆论特别是敏感舆论的重点“关注”对象，也有其行业特殊属性的原因。通信服务是当前公众使用最频繁的公共服务之一，这决定了电信行业用户情绪敏感的特征。然而，与其他传统行业不同的是，电信技术还在不断发展，业务模式也在不断发生变化，所以公众对电信行业的态度比较敏感。因此，一旦发生纠纷，公众找不到渠道释放情绪，就会通过网络等新兴传媒制造敏感舆论。为此，中国移动正积极通过论坛、微博等互动性强的新媒体倾听消费者的声音，并及时化解消费者的不满情绪。二是深入了解敏感舆论的产生原因。传播渠道的丰富，不仅导致了舆情危机常态化，而且某一个局部的问题极容易被放大到整体。“使用与满足”理论中有一个重要假设，即大众传播媒介所能满足的需求只是人类需求的一部分，媒介在满足这些需求的基础上，必须与其他来源，比如人际传播或其他传统的需求满足方式相竞争。因此中国移动积极利用微博等新媒体加强与消费者的沟通，主动发布信息，面对敏感事件做到反应不滞后、态度不暧昧。三是加强沟通，冷静对待。中国移动发展成全球著名的运营商的背后，付出了辛勤的努力。但是从近几年的舆论来看，中国移动时有受到公众的质疑的情况，一些公益举动也未能在公众中有效传播。2010 年年末，中国移动集团公司召集省级分公司综合部的对口二级副经理，在北京进行了为期三天的新闻发言人培训。此举标志着中国移动的新闻发言人制度已经进入落实阶段，借此加强与公众的沟通，增进互信，同时正确面对敏感舆论，并对其所反映的问题及时改进，出现敏感舆论后，中国移动不责怪客户、不责怪媒体，更加理性应对、正面应对、坦然应对。

案例：中国移动“计费门”

2010年7月4日，中央电视台播出了中国移动海南公司因为不规则分割计费导致消费者话费被乱扣现象的报道，一时间将中国移动推向了风口浪尖。

据中央电视台报道，黄某是中国移动海南公司的手机用户，他前不久在查询话费详单时偶然发现：仅2月份的几天时间里，他尾号为6499的手机就被多扣了8分钟的通话费2.32元。在查询了话费详单后黄先生发现，7个被多收了话费的电话都有一个共同点，那就是每个电话都被电信运营商分割计费。一个时长7分59秒的漫游主叫电话，原本应该按8分钟计费，但是，在被分割成5分48秒和2分12秒后，计费时长却变成了9分钟。

事件曝光后，针对媒体报道中国移动部分地方公司有多项业务存在乱扣费的现象。中国移动迅速应对，当天即通过中央人民广播电台回应事件。相关负责人表示：已在第一时间责成新闻报道涉及的海南公司、北京公司、上海公司迅速调查核实，尽快查明情况。中国移动主动发布消息：“目前，调查工作正在进行，中国移动将及时对媒体和社会公众公布调查结果。对于客户计费确有误差的，将按照话费误差双倍返还，以切实保护消费者权益。同时真诚欢迎新闻媒体、广大客户和社会各界的批评和监督。”

值得一提的是，在本次事件中，中国移动也运用了新媒体手段进行解释。在此事件曝光后不久，中国移动研究院的博客栏目中，相关人士发布了“关于央视曝光的几起计费差错的分析”的博文。博主表示，这些问题虽然都叫“计费差错”，但其实跟计费系统没有关系，问题根源基本都出在网络设备上。正如任何硬件都避免不了故障、任何软件都避免不了漏洞一样，任何运营商的网络都不可能完全杜绝此类问题的出现。

该博客引发了网友的关注，并起到了一定的澄清作用。而在核查结果出来后，中国移动即日便对外公布了核查结果，承认海南公司确实存在计费误差，已对多收的话费进行了双倍返还，海南公司也已进行了程序的更新改造，同时查明北京公司和上海公司也存在不足。并表示，将在全网范围内开展计费服务质量提升排查整改活动，站在客户的角度梳理计费服务流程，让每一位客户的每一笔消费都清清楚楚、明明白白。

在计费门事件中，中国移动及时展开调查，主动联系媒体澄清事实、承认错误，妥善地解决了危机事件，其危机事件处理流程也符合了应对敏感舆论的“三诚”原则。首先，面对被曝光的危机事件，中国移动表现出了十足的“诚意”，在事件曝光第一时间就明确对外表示，已责成报道涉及的相关公司迅速调查核实。其次，在事件曝光当天，中国移动就通过中央人民广播电台独家回应事件，体现了“诚恳”的原则。最后，在核查结果出来后，中国移动“诚实”地承认了海南公司确实存在计费误差，并表示已对多收的话费进行了双倍返还。“三诚”原则的运用促使了该敏感事件的妥善解决。

同时，在处理敏感事件的过程中，企业应该注意做到“三度”。一是深度：倾听与追踪。面对敏感信息，最好的处理方式是积极面对而不是一味屏蔽删除。俗话说“穷则变，变则通，通则达”，面对敏感信息最好的方法不是堵而是治，积极的态度、诚恳的解释、有利的证据是最好的解决办法。二是广度：要重视口碑管理。重视客户投诉及口碑管理，利用便利的网络传播环境，集结、扩散、激发公众对企业或品牌的美誉传播，将成为透明化时代企业扭转危机的制胜武器。对于顾客的不良投诉，切忌“鸵鸟政策”，缄口不言。如比尔·盖茨的个人形象就对微软帝国产生了“后花园”效应。这表明树立 CEO 的良好形象是防范企业危机事件发生的最好策略。三是高度：要建立网络舆情反应机制与团队。建立网络舆论监测体系，及时掌握网络舆情，并对敏感舆论进行深度追踪，将危机扼杀在襁褓之中。[①]

正如西方谚语所说，危机就如死亡和税收，对于社会与组织来说都是不可避免的。在新媒体时代更是危机四伏，坚守“三度”公关法则能让企业有希望成功突围。

① 林景新，赵玉竹．网络舆情危机，不要让其成为营销软肋．广告大观，2011（3）．

第三节 提升企业新闻发言人技巧

在新媒体飞速发展的今天，对于企业而言，掌握新媒体的传播规律，建立完善的危机管理体系，提升传播影响力的同时增强危机抵御力，是建立并维护良好的企业形象必不可少的软实力。企业要想在新媒体环境下“说”好，需要善用媒体，摸索出一套行之有效的传播模式，与此同时，企业的新闻发言人会“说”也十分重要。因此，提升企业新闻发言人的能力是众多企业，尤其是管理者的必修课。

一、新闻发言人表达技巧

1. 借助肢体语言表现自信

现场面对媒体记者时，新闻发言人一定要有信心，起码要看起来信心十足。因为你代表的不是你自己，而是一个政府或者机构的形象，充满自信是每个新闻发言人必须牢记的信条。如果想要影响听众，首先必须影响你自己。卡耐基说过：“你的精神和灵魂会通过你的目光、你的语音和你的神态向外放射。你不冷不热，他们就三心二意；你轻率肤浅，他们就视如儿戏；你出言不逊，他们就对你侧目而视。”

身体的活动同大脑有着密切的联系，不仅发言人能随着其自身的肢体动作而变得思维活跃、语言畅达，而且能促进听众对发言人观点的吸收。在发布外界有疑虑的消息或意见时，新闻发言人应以坚定的态度表达自己的立场，适当辅以加强语气的手势或动作，以助提问者理解。在发布外界激烈反对的消息或意见时，切忌使用肢体语言，以免造成提问者的不满和对抗情绪。姿态和表情宜稳重大方，适当控制手势的幅度，彬彬有礼而不咄咄逼人。

正确地使用目光，以目光调动记者的注意力，因为一个目光等于很多深沉的言语。新闻发言人说话的时候，目光不必聚焦于对方脸上某个部位，而是放虚一点，将目光笼罩住台下所有的人。观察记者的表情，调整自己的思路和声音，让记者始终跟着新闻发言人的神态和话语去思考。

2. 增强语势的感染力

要注意声音的力度和弹性。我们说话时往往会耸肩、皱眉、提高音量、改变声调、调整频率等。若姿态和表情能更好地配合声音，则能加强语言的表达效果，使记者愿意从发布会上接受更为丰富的思想。新闻发言人采用温和平缓的叙述方式，将事情原委娓娓道来，表情放松、语气平和、眼神亲切、动作轻柔，尽量拉近与提问者的心理距离，争取获得其信任感。如果新闻发言人讲话有活力，表情兴奋，会对他人的精神状态产生良好的影响，甚至记者的情绪也会随发言人的姿态和表情而发生变化。

说话时要注意吐字清楚，音量、音高适中。语言要清晰规范，表达流利自如，词汇丰富，句式多样。有时音调放低，表现出更高的权威感；当要强调某个观点或态度时，语势可以较为急促，并将音量提高，使记者注意力集中；在表达悲痛或强调沉重心情时，可以用较为缓慢的语速，注意重音和适当停顿。

停顿为记者提供思考的空间。停顿产生思想，产生回味，令发布会的进程呈现出节奏感。当记者需要笔录的时候，发言人以适度的停顿给他们点时间，让记者从容地记下他们需要的内容，否则记者就会手忙脚乱。停顿还可以集中记者的注意力，凸显某个观点，表达深刻的寓意。

周恩来总理曾在20世纪60年代举行过一次新闻发布会，有记者问："总理先生，中国是否有妓女？"周总理立即回答："有。"他停顿了一下并扫视各位记者。中国记者惊愕地看着周总理，以为他发生了口误，外国记者则高度注意，等着看周总理如何自圆其说。大厅里寂静得能够听出每个人的呼吸声，这时周总理抬高声调说："在台湾。"听罢，所有记者都对周总理的智慧与敏锐万分佩服，他的停顿加强了他的表达效果，增加了感染力。

3. 照本宣科与脱稿表达相结合

新闻发言人照本宣科一般不如脱稿的表达效果好。脱稿发言即针对现场情况生动活泼地宣讲，与记者的眼神接触也能加强表达效果，彰显新闻发言人的自信。事实上，发言人根本不可能事先知道每位记者即将提出的问题从而做好准备。如果记者的提问和发言人宣读的稿子在内容上出现很大差异，反而会削弱发言的效果。但具体情况需要具体分析，如果针对重大事件的发言应该事先有讲话稿，照稿宣读也会增加其权威性。

在发言方式的选择上，照本宣科与脱稿表达各有用处，可以取长补短、结合使用。当发言人介绍数据和重要细节时，根据文稿照本宣读，会在与会记者的心目中留下一丝不苟、严谨求实的良好印象。而在表达观点、申述理由时，不妨脱稿表达，文采飞扬、轻松自如、平易近人的语言和适度发挥的诙谐，都能够展示新闻发言人的出色形象。

在一次新闻发布会上，一位美国记者问周恩来总理：“总理阁下，为什么中国人走路总是低着头，而我们美国人走路总是挺胸仰头?”周总理风趣地回答说：“那是由于我们中国人正在走上坡路，而美国人走的是下坡路。”如果周总理照本宣科，必然无法回答这类突如其来的问题，自由发挥显露出新闻发言人的自信与机智。[①]

二、新闻发言人应对技巧

1. 说真话的技巧

“说真话的技巧就是不需要技巧”，这话从理论上说是真理，但在实践中却会遭遇麻烦，尤其是对于新闻发言人来说，说真话确实需要技巧。

---

① 国际艺术界网．新闻发布会的策略与技巧．http：//www. gjart. cn/viewnews. asp? id = 10295.

目前，业内对新闻发言人的要求是：不能说“无可奉告”，这只是起点意义上的进步。过去我们的官员应对媒体的潜规则是：多说不如少说，少说不如不说。说话就意味着风险，不说当然就没有风险，因此，套话、空话与废话在官场盛行。现在的新闻发言人多是由在任官员兼任，难免会带有这种腔调。我们不难看到，新闻发言人的话中夹带着不少的套话、空话与废话，此风不刹，新闻发言人的职业诚信怎么能树立起来？

国务院新闻办的有关负责人在新闻发言人培训班上曾提出这样的要求：新闻发言人要说“正确的真话”，而不是“正确的废话”。这对在官场上摸爬滚打多年的新闻发言人来说，看起来是最起码的要求，实际上则变成了职业场上的极高要求。当然，新闻发言人也不能这样认为：既然要我说真话，那我个人怎么想，口里就怎么说，竹筒里倒豆子——有多少倒多少。这绝对不行，新闻发言人在新闻发布会上的发言代表的绝不是个人的观点，而是政府的声音，什么话可以说，什么话暂时不可以说，能说的话又该说到什么程度，对这些环节的考虑都不是以新闻发言人的意志为本位的。新闻发言人必须与决策者进行深入沟通，分析政策，正确把握政府立场，保证对政府态度、政策的准确解释。被称为美国外交舞台上的常青藤、担任过五任国务院发言人的理查德·鲍彻曾说过：“我作为发言人站在那里并不是在谈我个人的立场、想法和看法，我所说的都是美国总统和国务卿想要说的话，是解释美国的政策，我的工作就是公布和解释这些政策。我是国务卿的发言人，我实际上是在替国务卿讲话，而不是在替理查德·鲍彻讲话。”

说真话包含两个层面的意思：一是要把新闻发言人所代言的政府、有关部门或决策者的真实态度和意思表达出来，做到不截流、不篡改、不夹带私货；二是新闻发言人态度真诚，向媒体坦陈观点，可以说不知道，但是至少不能说谎。

2. 准确表达的技巧

新闻发言人代表企业说话，而企业向媒体和社会公众发言是不能有戏言的，所以新闻发言人的语言必须准确到位。但要真正做到这一点却是相当不易的，首先必须做到理解准确，这里的准确包括三个层面。以下以焦扬任上海市人民政府发言人期间与记者的对答为例，解读“准确”的含义：

（1）对问题方向的把握要准确。这是原则问题，不能有丝毫差池。一位媒体记者问焦扬：“海外一家媒体刊登消息说，上海有一位前副市长因周正毅案而受到牵连，请问该消息是否属实?”焦扬是这样回答的：“有关报道我确实看到了。近期海外一些网站，甚至有些比较严肃的海外媒体炒作上海前任副市长，或前任人大副主任因受到周案牵连而被监视。我可以确切地说，这是极不负责任的，也是毫无根据的。点名道姓地对领导人进行人身攻击，降低了媒体的威信，同时也降低了记者的职业道德。这位当事人后来向这家媒体投寄信函，指出这是不负责任的谣言，要求他们道歉。这家媒体还是有职业精神的，全文刊登了信函，并向这位领导道歉，有些媒体转载了。我觉得媒体应以客观、公正取信于民，对于捕风捉影的事情要打一个问号。”焦扬的回答有理有节。

（2）对问题内容的把握必须准确。上海市的一家媒体记者问："今年我们新增 40 万个岗位，过去 3 年是每年净增 10 万个，对于城镇失业人员来说，净增更有意义，请问今年净增多少？今年出台一些措施保证高校毕业生就业，这些政策的出台是否提高了外省市毕业生进入上海的门槛？"焦扬是这样回答的："今年没有过完，只有半年，今年到底净增多少，现在没法统计。新增与净增的概念是不同的，净增是实实在在增加的就业岗位，新增数量减去减少的数量。但是，如果只考核净增的数目，就难知晓什么地方增加了什么岗位，什么地方减少了什么岗位，很难体现经济发展与就业增长的关系。因此，新增的概念是增加就业状况的透明度，新增在哪些方面，增加了什么岗位，很清楚地描述，对社会的透明度的概念更加实在。上海实行人才战略，建设人才高地，是市委、市政府坚定不移的方针。上海吸纳各方面人才的措施，各位记者都有所了解。根据上海经济与社会的发展，上海既鼓励上海的生源在本地就业，也鼓励他们到基层去，到边远地方去。对于非上海毕业生，只要符合一定的条件，都能通过落户或办理居住证等方式在上海就业。上海是一个特大型城市，人口和城市建设与发展有一定关联，因此，上海与世界各大城市一样，对外来人口有一定的要求；上海对于高校毕业生在上海就业是不作数量上的限制的，上海每年吸纳外来人才的数量在全国名列前茅，我们希望有更多的外来优秀人才参加上海建设。"

记者的提问是比较有质量的，也比较专业，但其对"净增"的理解有偏差。因此，新闻发言人首先要澄清"净增"与"新增"这两个关键性的概念，否则就不能准确地把要说的话说清楚。

（3）对关键细节的把握务必准确。美国道琼斯新闻公司记者问焦扬：“请问一下周正毅案件，你上次说有关部门继续调查这个事件，有什么进展，可以告诉我们这方面的情况吗？”这个问题比较敏感，回答的难度很大。与焦扬对第一个提问掷地有声的回答截然不同，她对这个问题的回答显得特别谨慎，措辞十分小心。她用了“市政府在积极配合有关方面调查”、“我还没有得到权威部门的权威消息”这些语句进行表述。这些语句表达了较多的弦外之音，但又没有把这些信息全部点破，分寸感拿捏得十分到位。

再如，记者问焦扬：“最近上海国资委何时挂牌？地点在哪里？国资委挂牌后，许多政府部门今后这样转变会不会变成行业协会？”记者提出了一连串的问题，显然对新闻发言人的期望很高，希望有一个比较妥善的回答。但是，焦扬的回答显得比较吝啬：“上海国资委不久会挂牌，但时间及有些政府部门的职能变化，都有一个批准程序还没完成。因此我未被授权在这里发布。”当然，如此回答不是新闻发言人的意思，而是她背后的上海市政府或者有关决策者的意图。

3. 随机应变的技巧

新闻发言人在应对记者提问时，难免会遇到不少棘手的问题，这是新闻职业逻辑使然。有人形容新闻发言人与记者就是“猫”和“老鼠”、“狐狸”与“公鸡”的关系，好像他们前世有冤仇未了结，但正是由于“对手”的狡猾与精明练就了新闻发言人的老练与成熟。

布什总统的新闻发言人弗莱舍就是随机应变的高手，他除了清楚、准确地传达布什的政策之外，还严格遵守布什政府关于保密的原则，不管记者如何变换方法提问，他总能机智地绕开那些敏感的问题。当然，这位被视为美国白宫新闻发言人标杆的弗莱舍也有出言不慎的时候，比如，他曾说希望能用“一颗子弹”结束萨达姆的生命以降低战争成本。我们要求新闻发言人能够随机应变，并不是说新闻发言人可以糊弄记者。随机应变必须遵守一个基本的原则：诚信。如果新闻发言人敢在这条底线上“玩火”，即便蒙混过去了，也终归会露出马脚。要做到随机应变，关键要注意以下几点：一是对问题方向的把握不能出现差错，也就是大的原则问题不能偏航；二是善于在广度、深度和角度上调度思维；三是需要有比较灵活的策略。

一般来说，回答记者的提问有两种策略。首先是正面应对策略，面对问题，即些使不知道，也坦白说出来，这种策略容易赢得记者的理解或谅解。但使用这个策略也是有限度的，你不能总是用“我不知道”来打发记者，记者毕竟是为了获得信息而来的。因此，就需要有另一种策略接应，即间接应对策略。有时为了有策略地回避一些棘手的问题，不妨先把话题引开，不知不觉暗度陈仓，但不能引得太远，让聪明的记者明显地看出来你在躲着他。间接应对策略往往是最能展示一个新闻发言人随机应变能力的。运用这一策略没有固定的套路，视具体情境及新闻发言人的应变能力而定。大致方法有以下几种：

（1）避实就虚。有的记者“发难”，提出十分棘手的问题，这些问题可能是决策者还没有明确的态度或解释的，在这样的情况下，新闻发言人是不能贸然发言的；也有可能是新闻发言人自己平时没有准备的问题，回答起来难度较大。这个时候不妨采用这种方法，把问题引向自己的根据地，在问题的“交界处”、模糊地区做文章。

（2）去繁就简。可以把若干问题一揽子“打包”解决，这就可以乘机把一些“有刺”的问题包裹在其他问题中一起处理掉。

（3）把问题转交给他人。有时候新闻发言人不一定一个人面对记者，还有其他合作者同台应对，在这种情况下，要充分利用合作者的优势资源，实现优势互补。充分发挥合作者的“补台”作用，有时会化险为夷，甚至能为新闻发布会增色不少。

（4）拖到下次解答。有时遭遇当场很难回答的问题，还可以把问题推到下一次，这是缓兵之计，不过千万不能认为记者会就此把这个问题放下。焦扬就经历过这种事情，前面提到的美国道琼斯新闻公司记者关于周正毅案件的发问，就是把新闻发言人上一次拖下的问题又重新提了出来。

（5）善于辞令。同样的意思，可以有不同的表达方式，这在理论上是常识，但落实到特定时间和场合中的实战演练，就不是轻而易举的了。弗莱舍就有这方面的语言天赋，同样的问题，记者穷追猛打地问了十多遍，他回答了十多遍，每次的表述都不一样，而所说的都是同一个意思，他的这一精彩表现堪称新闻发言人随机应变的经典案例。

4. 展现个性魅力的技巧

有人认为，新闻发言人是企业的传声筒，没有什么个性魅力可言。此言不确，其实，成为一个成熟的新闻发言人的标志就是在发言中能够把其独特的个性魅力表现出来。新闻发言人经常运用的语言多是实用语言，往往是周密、准确有余，风趣、灵性不足。不少新闻发言人在一本正经之余，不失时机地添加一些幽默的语言或故事，这对于活跃气氛、调节节奏是大有裨益的。

美国不少优秀的新闻发言人都是幽默高手，像弗莱舍、白宫发言人麦克莱伦等，他们不仅反应敏捷、出口成章，而且幽默风趣、不失锋芒。当然，幽默也不能刻意为之，自然天成的幽默最有美感，也最能彰显新闻发言人的魅力。相反，刻意为之则会显得矫揉造作，让人感觉不舒服。美国的新闻发言人中也有不擅长幽默的，比如原五角大楼女发言人克拉克以斩钉截铁、干净利落的个性闻名，她在例行公事的时候，往往是一脸严肃、不苟言笑，常常让记者们感到头疼。

调剂语言的另一种方法是打比方、引用名人的名言或古典诗词。如记者问焦扬："就业跟经济的关系最密切。温家宝总理于6月28日在香港签署了一份协议，请问这份协议的签订对上海与香港有怎样的影响和作用?"焦扬的回答是："香港是我们祖国的一个重要地区。香港的繁荣和发展是全国人民，包括上海人民的心愿。很多媒体说沪港关系是非常重要的关系，有很多人看到了竞争的一面，但实际上香港与上海是一个互补的关系，有些形容词是非常贴切的。比如'比翼双飞的鸟'、'飞机上的两个强大的引擎'，等等。香港与上海多年来有竞争，但更多是共同促进和发展，这次签署的协议将对沪港地区建立更密切的关系，推动两地区域贸易自由化、投资便利化，促进两地经济发展，都会有积极的作用。”

在回答这样的问题时，新闻发言人所作的多是原则性的回答，因为政策只允许其这么说。但焦扬在回答中运用了“比翼双飞的鸟”、“飞机上的两个强大的引擎”这两个比喻，就使得官样化的语言变得有神采起来。使语言增色还有一种技巧，就是说故事。如果新闻发言人在发布新闻信息的同时，能够兼顾故事性，就会给新闻增色不少，生动的故事会使新闻发言人的“发言”摇曳生姿。当然，也不能为了故事而故事，此处强调的是故事与新闻的融合，这种技巧的难度系数比较大。[1]

三、提前做好新闻发言的准备工作

一场成功的新闻发布会就像为企业打赢一仗。要做好新闻发言人工作，就一定不能打无准备之仗。

首先，要了解采访内容，全面、准确地收集所有相关资料，提前做好充分准备。

其次，确定传达要点，明确发布会的目的是什么，要传达什么，要给媒体、读者、听众留下什么印象。预期可能遇到的问题类型，与相关部门配合，预测所有可能出现的好与不好的问题，并做最坏的打算。还要了解背景及场景，预先熟悉采访过程、形式和风格、提问方式，等等。

---

① 张涛甫．新闻发言人：技巧决定成败．决策，2005（4）．

再次，考虑到受众。读者、听众、观众的类型有所不同，所以发言的针对性和侧重点也不同。可以采用预演的方法，先让其他人听你大声地讲出来，而不只是独自一个空在脑子里预演，这样可以发现百密一疏的问题。提前到达发布会地点，这对于演播室采访更为重要。

最后，要与公关配合。事先预备好各种问题，遇到回答不了的问题及时与公关顾问配合回答，切忌“沉默是金”。在对新闻发言人发言的要求中，最核心的一点是：“采访不是测试您回答问题的能力，而是赋予您表达观点的机会。”①

① 张涛甫．新闻发言人：技巧决定成败．决策，2005（4）．

参考文献

[1] 方汉奇．中国新闻传播史．北京：中国人民大学出版社，2003.

[2] 郑超然．外国新闻传播史．北京：中国人民大学出版社，2000.

[3] 刘爱清．广播电视概论．北京：中国广播电视出版社，2001.

[4] 李保强．报业转型，报业印刷渐感寒意．中国印刷，2006（1）.

[5] 张秋漪．浅谈我国电视节目的生存现状．大众文艺，2010（4）.

[6] 张志君．新媒体研究与发展策略．现代视听，2008（2）.

[7] 孙强，温宇俊，张鹏洲．关于新媒体产业发展的一些思考．中国科技传媒，2008（9）.

[8] 王伯群，曲岩．浅析传统媒体与网络媒体之现状及发展趋势．新闻研究导刊，2010（3）.

[9] 袁媛．新媒体新闻事件话语传播价值解读．东南传播，2009（8）.

[10] 新华网．业内观察：谁能抓住微博背后的商机．http：//news. xinhuanet. com/it/2011 -01/22/c_ 121012678. htm.

[11] 流媒体网．2006 中国新媒体发展研究报告．http：//p2p. lmtw. com/Manalysis/200612/28725. html.

[12] 杨状振．中国新媒体理论研究发展报告．现代视听，2009 (5).

[13] Andrew Nachison. Good business or good journalism? Lessons from the bleeding edge. A presentation to the World Editors' Forum. Hong Kong，2001.

[14] 宋昭勋．新闻传播学中 Convergence 一词溯源及内涵．现代传播，2006 (1).

[15] 徐沁．媒介融合论．北京：中国传媒大学出版社，2009 (12).

[16] 中国社会科学院新闻与传播研究所．中国新媒体发展报告 (2011)．北京：中国社会科学院社会科学文献出版社，2011.

[17] 中国互联网络信息中心．CNNIC 发布第 27 次中国互联网发展状况统计报告．中国远程教育，2011 (2).

[18] 艾瑞咨询集团．2010 年第四季度网络经济核心数据发布．http：//www. iresearch. com. cn/coredata/2010q4_ 4. asp.

[19] 刘丽芳．微博客的传播特征与传播效果研究．浙江大学硕士学位论文，2010.

[20] 中国互联网络信息中心．CNNIC 发布第 17 次中国互联网发展状况统计报告．2006 (1).

[21] 中华广告网．快速的经济发展环境下看新传媒发展空间．http：//news. a. com. cn/Infos/news_85629. html.

[22] 人民网．传统媒体微博融合现状与发展趋势研究．http：//media. people. com. cn/GB/137684/13577057. html.

[23] 齐影．论企业形象．企业活力，1990（6）.

[24] 侯金亮．微博传播的“双刃剑效应”．青年记者，2010（11）.

[25] 刘东明．新媒体营销十大操作模型．广告大观，2011（1）.

[26] 游昌乔．社会化媒体营销——当危机出现之后．广告大观，2011（3）.

[27] 胡会娜，李杰．从需求理论看微博对受众需求的满足．新闻世界，2010（8）.

[28] 王丽平．河北部分企业“试水”微博营销．河北日报，2011－05－25.

[29] 陈鹏，刘淑敏．中国移动如何冲破舆论阴霾．中国电信业，2011（1）.

[30] 林景新，赵玉竹．网络舆情危机，不要让其成为营销软肋．广告大观，2011（3）.

[31] 国际艺术界网．新闻发布会的策略与技巧．http：//www. gjart. cn/viewnews. asp? id＝10295.

[32] 张涛甫．新闻发言人：技巧决定成败．决策，2005（4）.

跋

从传统媒体的演进与生存、新媒体的出现及其传播规律到探讨如何善用新媒体，提升企业形象的思考，本书将理论与实际案例相结合，为探讨新媒体环境下企业形象传播新模式奠定了基础。

2010年是新媒体发展史上极具标志性意义的一年，互联网和手机等新媒体继续高歌猛进，快速向全球扩张，纵深向社会渗透，新媒体领域热点频发，新媒体的发展出现了质的跨越。如今，在新媒体飞速发展的影响下，企业形象宣传的环境也面临着新的变化，既有良好的机遇，又有前所未有的挑战。新媒体的发展，为企业提供了更为丰富的宣传手段，但与此同时，企业形象维护的挑战也越来越大。

应该看到，新媒体时代的到来，给人类的生产生活方式带来了深刻的变化。自20世纪末以来，门户网站、社区论坛、博客、微博等新型传播平台如雨后春笋般拔地而起，进而引发了媒介环境的巨大变化。与此同时，新媒体的兴起也影响了大众的信息消费行为，由于互联网的产生，人们更热衷于个性化、差异化的体验，新媒体的出现，也为促进这种模式的发展提供了必要的载体。在这种环境的影响下，为了应对激烈的竞争，企业的形象传播也在悄然发生着改变。随着信息技术的发展进步，新媒体逐步为人们熟悉和使用，运用新媒体进行品牌和企业形象传播将是必然趋势。在新媒体时代，企业要转变原有的模式，增加活动营销、话题营销在企业品牌及企业形象传播中的比例。

时代在发展，本书关于新媒体的理论和企业形象传播的案例也应随着实践的丰富而日益完善，与各界人士继续共同探索新媒体环境下企业形象传播的新路径。

天涯社区总编辑　海南省作家协会副主席

2011年10月